A origem da desigualdade entre os homens

JEAN-JACQUES ROUSSEAU nasceu em Genebra em 1712. Abandonado pelo pai aos dez anos, trabalhou como aprendiz de gravador até deixar a cidade natal, em 1728. Daí em diante, correu a Europa em busca de uma felicidade inalcançável. Em Turim, converteu-se ao catolicismo e, como lacaio, seminarista, professor de música ou tutor, visitou muitas partes da Suíça e da França. Em 1732, estabeleceu-se durante oito anos em Chambéry (ou Les Charmettes), casa de campo de madame de Warens, recordada por Rousseau, nas *Confissões*, como um lugar idílico. Em 1741, foi para Paris, onde conheceu Diderot, que lhe encomendou os verbetes de música para a *Enciclopédia*. Entrementes, com Thérèse Levasseur, uma criada, teve cinco filhos, todos abandonados por ele em orfanato. Os anos de 1750 testemunharam a ruptura com Voltaire e Diderot, e seus escritos adquirem um novo tom, de independência contestadora. Em seu *Discurso sobre as ciências e as artes* e no *Discurso sobre a origem e os fundamentos da desigualdade entre os homens*, mostrava como o desenvolvimento da civilização corrompia as virtudes naturais e aumentava a desigualdade entre os homens. Em 1758, atacou os ex-amigos, os enciclopedistas, na *Carta a D'Alembert sobre os espetáculos*, que ridicularizava a sociedade culta. Antes, em 1757, mudara-se para Montmorency, e os cinco anos que lá passou foram os mais frutuosos da sua vida. Seu notável romance, *A nova Heloísa* (1761), teve sucesso retumbante e imediato. Nele, e no *Emílio*, que veio a lume um ano depois, Rousseau invocava a inviolabilidade dos ideais pessoais contra os poderes do Estado e as pressões da sociedade. Sua filosofia política é coroada com *Do contrato social*, publicado em 1762. Nesse mesmo ano, escreveu um ataque à religião revelada, a *Profissão de fé do vigário saboiano*. Foi expulso da Suíça e fugiu para a Inglaterra, onde fez de Hume seu inimigo, e voltou a suas peregrinações continentais. Em 1770, completou suas *Confissões*. Passou seus últimos anos na França, onde morreu em 1778.

EDUARDO BRANDÃO nasceu no Rio de Janeiro em 1946. Trabalhou como repórter do *Correio da Manhã* entre 1966 e 1968. A partir da década de 1970 dedicou-se à tradução de obras literárias e de ciências humanas (em especial, filosofia e história), assim como de obras voltadas aos leitores infantojuvenis. Traduz principalmente do francês e do espanhol, com predileção pelas literaturas espanhola e hispano-americana contemporâneas. Pela Companhia das Letras traduziu *Amuleto*, *2666*, *Putas assassinas*, entre outros livros de Roberto Bolaño; do madrilenho Javier Marías, *Assim começa o mal*, *Os enamoramentos*, *Quando fui mortal*, *O homem sentimental*, *Coração tão branco* e os três volumes de *Seu rosto amanhã*.

Jean-Jacques Rousseau

A origem da desigualdade entre os homens

Tradução de
EDUARDO BRANDÃO

4ª reimpressão

COMPANHIA DAS LETRAS

Copyright © 2017 by Penguin — Companhia das Letras

Grafia atualizada segundo o Acordo Ortográfico da Língua Portuguesa de 1990, que entrou em vigor no Brasil em 2009.

Penguin and the associated logo and trade dress are registered and/or unregistered trademarks of Penguin Books Limited and/or Penguin Group (USA) Inc. Used with permission.

Published by Companhia das Letras in association with Penguin Group (USA) Inc.

TÍTULO ORIGINAL
Discours sur l'origine et les fondements de l'inégalité parmi les hommes

PREPARAÇÃO
Joaquim Toledo Jr.

REVISÃO
Jane Pessoa
Dan Duplat

Dados Internacionais de Catalogação na Publicação (CIP)
(Câmara Brasileira do Livro, SP, Brasil)

Rousseau, Jean-Jacques, 1712-1778
   A origem da desigualdade entre os homens/ Jean-Jacques Rousseau; tradução de Eduardo Brandão. — 1ª ed. —São Paulo: Penguin Classics Companhia das Letras, 2017.

   Título original: Discours sur l'origine et les fondements de l'inégalité parmi les hommes.
   ISBN 978-85-8285-062-6

   1. Desigualdade social 2. Filosofia francesa I. Título.

17-07577   CDD-194

Índice para catálogo sistemático:
1. Filosofia francesa 194

Todos os direitos desta edição reservados à
EDITORA SCHWARCZ S.A.
Rua Bandeira Paulista, 702, cj. 32
04532-002 — São Paulo — SP
Telefone: (11) 3707-3500
www.penguincompanhia.com.br
www.blogdacompanhia.com.br
www.companhiadasletras.com.br

Sumário

À república de Genebra   9
Prefácio   21
Advertência sobre as notas   29

DISCURSO SOBRE A ORIGEM E OS FUNDAMENTOS
DA DESIGUALDADE ENTRE OS HOMENS   33

PRIMEIRA PARTE   37
SEGUNDA PARTE   71

Notas   107

*Non in depravatis sed in his quae bene secundum naturam
se habent considerandum est quid sit naturale*
[Não é nos seres depravados, mas nos que se comportam
de acordo com a natureza, que devemos considerar
o que é natural.]
ARISTÓTELES, *Política,* LIVRO I

À república de Genebra

MAGNÍFICOS, MUI HONORÁVEIS
E SOBERANOS SENHORES,

Convencido de que cabe apenas ao cidadão virtuoso prestar à sua pátria as honrarias que ela pode aceitar, faz trinta anos que trabalho para merecer prestar-vos uma homenagem pública; e como esta feliz ocasião supre em parte o que meus esforços não puderam alcançar, acreditei que me seria permitido consultar aqui mais o zelo que me anima do que o direito que deveria me legitimar. Tendo tido a felicidade de nascer entre vós, como poderia eu meditar sobre a igualdade que a natureza estabeleceu entre os homens e sobre a desigualdade que eles instituíram sem pensar na profunda sabedoria com a qual uma e outra, combinadas de forma feliz neste Estado, concorrem da maneira mais próxima da lei natural e mais favorável à sociedade para a manutenção da ordem pública e para a felicidade dos particulares? Buscando as melhores máximas que o bom senso é capaz de ditar sobre a constituição de um governo, fiquei tão impressionado ao ver todas elas em execução que, mesmo se não tivesse nascido entre vossos muros, eu acreditaria não poder me dispensar de oferecer este panorama da sociedade humana ao povo que, dentre todos, me parece possuir as maiores vantagens e ter prevenido da melhor forma os abusos.

Se tivesse tido de selecionar meu lugar de nascimento, eu teria escolhido uma sociedade de uma grandeza limitada pela extensão das faculdades humanas, isto é, pela possibilidade de ser bem governada, e em que, cada um sendo capaz de cumprir com a sua tarefa, ninguém seria obrigado a entregar a outros as funções de que foi encarregado. Um Estado em que, por todos os particulares se conhecerem uns aos outros, nem as manobras obscuras do vício nem a modéstia da virtude poderiam escapar dos olhares e do julgamento do público, e em que esse doce costume de se ver e de se conhecer fizesse do amor à pátria muito mais o amor aos cidadãos do que o amor à terra.

Eu gostaria de nascer num país em que o soberano e o povo tivessem um só e mesmo interesse, para que todos os movimentos da máquina sempre tendessem à felicidade comum; como isso não pode ser feito a não ser que o povo e o soberano sejam a mesma pessoa, segue-se que eu gostaria de nascer num governo democrático, sabiamente moderado.

Eu gostaria de viver e depois morrer livre, isto é, tão submisso às leis, que nem eu nem ninguém pudesse se abalar com o honrado jugo, esse jugo salutar e doce que as cabeças mais altivas suportam tão docilmente quanto mais forem feitas para não suportar nenhum outro.

Eu gostaria, portanto, que ninguém no Estado pudesse se dizer acima da lei e que ninguém de fora dele pudesse impor uma lei que o Estado fosse obrigado a reconhecer. Porque, seja qual for a constituição de um governo, se houver um só homem que não esteja submetido à lei, todos os outros estarão necessariamente à discrição deste;[1] e se houver um chefe nacional e outro chefe estrangeiro, seja qual for o compartilhamento de autoridade que eles puderem fazer, será impossível que um e outro sejam bem obedecidos e que o Estado seja bem governado.

Eu não gostaria de viver numa república de instituição recente, por melhores leis que ela pudesse ter, pois temeria que o governo, constituído talvez de outro modo do que deveria ser no momento, não convindo aos novos cidadãos, ou os cidadãos ao novo governo, o Estado estivesse sujeito a ser arruinado e destruído quase desde seu nascimento. Porque a liberdade é como esses alimentos sólidos e suculentos, ou esses vinhos generosos, próprios para alimentar e fortificar os homens de compleição robusta que a eles estão habituados, mas que aniquilam, arruínam e embriagam os fracos e delicados, que não lhe são afeitos. Uma vez acostumados a ter senhores, os povos não são mais capazes de dispensá-los. Se eles tentam se livrar do jugo, se afastam ainda mais da liberdade, porque, ao tomar em relação a ela uma permissividade que lhe é oposta, suas revoluções quase sempre os entregam a sedutores que só fazem sobrecarregar suas cadeias. O próprio povo romano, esse modelo de todos os povos livres, não foi capaz de se governar ao sair da opressão dos Tarquínios. Aviltado pela escravidão e pelos trabalhos ignominiosos que lhe haviam sido impostos, de início ele não foi mais que um estúpido populacho que foi preciso tratar e governar com a maior sabedoria, para que, acostumando-se pouco a pouco a respirar o ar salutar da liberdade, essas almas desfibradas, ou antes, embrutecidas sob a tirania, adquirissem gradativamente essa severidade de costumes e essa coragem que dele fizeram por fim o mais respeitável de todos os povos. Eu teria procurado, portanto, para ser minha pátria uma feliz e tranquila república cuja idade se perdesse de certo modo na noite dos tempos; que só tivesse experimentado tentativas voltadas a manifestar e fortalecer nos habitantes a coragem e o amor à pátria, e onde os cidadãos, acostumados de longa data a uma sábia independência, fossem não só livres mas dignos de sê-lo.

Eu gostaria de escolher uma pátria desviada, por uma feliz impotência, do feroz amor às conquistas e garantida por uma posição ainda mais feliz contra o medo de se tornar ela própria uma conquista de outro Estado: uma cidade livre, situada entre vários povos, em que nenhum dos quais tem o interesse de invadi-la e em que todos os quais têm o interesse de impedir que os outros a invadissem — numa palavra, uma república que não tentasse a ambição dos vizinhos e que pudesse razoavelmente contar com o socorro destes, se necessário. Daí se segue que, numa posição tão feliz, ela não teria nada a temer a não ser de si mesma, e que, se seus cidadãos fossem exercitados nas armas, o fariam muito mais para manter neles esse ardor guerreiro e essa coragem que combina tão bem com a liberdade e que alimenta o gosto por ela, do que pela necessidade de suprir à sua própria defesa.

Eu teria procurado um país onde o direito de legislar fosse comum a todos os cidadãos, porque quem pode saber melhor do que eles em relação a que condições lhes convém viver juntos numa mesma sociedade? Mas eu não teria aprovado plebiscitos como os dos romanos, nos quais os chefes de Estado e os mais interessados em sua conservação fossem excluídos das deliberações de que com frequência dependia a sua salvação e nos quais, por uma absurda inconsequência, os magistrados fossem privados dos direitos de que desfrutavam os simples cidadãos.

Ao contrário, eu teria desejado que, para deter os projetos interessados e mal concebidos, e as inovações perigosas que acabaram levando os atenienses à perdição, cada um não tivesse o direito de propor novas leis segundo seu capricho; que esse direito pertencesse somente aos magistrados; que estes o usassem com tanta circunspecção que o povo, por sua vez, fosse tão cauteloso para dar seu consentimento a essas leis e que a promulgação destas só pudesse ser feita com tanta solenidade que, antes de a constituição ser abalada, tivéssemos tempo para nos convencer de que é principalmente a grande antiguidade das leis que as torna sacrossantas e veneráveis, que o povo logo despreza as que ele vê serem mudadas todos os dias e que, acostumando-se a negligenciar os antigos usos a pretexto de melhorá-los, muitas vezes se introduzem grandes males para corrigir os males menores.

Eu teria procurado evitar sobretudo uma república, como necessariamente malgovernada, em que o povo, acreditando poder prescindir dos seus magistrados ou lhes proporcionando apenas uma autoridade precária, houvesse reservado imprudentemente para si a administração dos assuntos civis e a execução das suas próprias leis. Assim deve ter sido a grosseira constituição dos primeiros governos ao sair do estado de natureza, e foi esse também um dos vícios que levaram à perdição a república de Atenas.

Mas eu teria escolhido aquela em que os particulares, contentando-se em sancionar as leis e decidir em conjunto e com base no relatório dos chefes os assuntos públicos mais importantes, estabelecessem tribunais respeitados, distinguissem com cuidado os diversos departamentos destes, elegessem todo ano os mais capazes e os mais íntegros de seus concidadãos para ministrar a Justiça e governar o Estado, e em que, a virtude dos magistrados atestando assim a sabedoria do povo, uns e outros se honrassem mutuamente. De sorte que, se acaso funestos mal-entendidos viessem perturbar a concórdia pública, esses próprios tempos de cegueira e de erros fossem assinalados por provas de moderação, de estima recíproca e de um respeito comum às leis, presságios e garantes de uma reconciliação sincera e perpétua.

São essas, MAGNÍFICOS, MUI HONORÁVEIS E SOBERANOS SENHORES, as vantagens que eu teria buscado na pátria que haveria escolhido. Se, além disso, a Providência houvesse acrescentado a ela uma situação encantadora, um clima temperado, uma terra fértil e o aspecto mais delicioso que há sob o céu, eu não teria desejado, para cúmulo da minha felicidade, nada mais que desfrutar todos esses bens no seio dessa feliz pátria, vivendo sossegadamente numa doce sociedade com meus concidadãos, exercendo para com eles e a exemplo deles a amizade e todas as virtudes e deixando, ao passar, a honrada memória de um homem de bem e de um honesto e virtuoso patriota.

Se, menos feliz ou tardiamente sábio, eu tivesse me visto reduzido a terminar em outros climas uma enferma e langorosa carreira, chorando inutilmente o repouso e a paz, de que uma juventude imprudente teria me privado, eu pelo menos teria nutrido em minha alma esses mesmos sentimentos de que não poderia ter feito uso em minha terra e, penetrado por um afeto terno e desinteressado para com meus concidadãos distantes, teria dirigido a eles, do fundo do meu coração, mais ou menos o seguinte discurso.

Meus caros concidadãos, ou melhor, meus irmãos, já que os laços de sangue, assim como as leis, unem a quase todos nós, é doce para mim não poder pensar em vocês sem pensar ao mesmo tempo em todos os bens de que vocês desfrutam e cujo valor nenhum de vocês, talvez, sente melhor do que eu, que os perdi. Quanto mais reflito sobre a situação política e civil, menos posso imaginar que a natureza das coisas humanas possa comportar situação melhor. Em todos os outros governos, quando se trata de assegurar o maior bem do Estado, tudo sempre se limita a projetos em ideia e, no máximo, a simples possibilidades. Para vocês, sua felicidade está feita, basta desfrutá-la, e para se tornarem perfeitamente felizes vocês só necessitam se contentar em sê-lo. Vossa soberania, adquirida ou recuperada à ponta de espada e conservada durante dois séculos à força de valor e sabedoria, é enfim plena e universalmente reconhecida. Tratados honrosos fixam vossos limites, asseguram vossos direitos e consolidam vosso repouso. Vossa constituição é excelente, ditada pela mais sublime razão e garantida por potências amigas e respeitáveis. Vosso Estado é tranquilo, vocês não têm nem guerras nem conquistadores a temer; não têm outros senhores além das sábias leis que vocês fizeram, administradas por magistrados íntegros que são de vossa escolha; vocês não são nem bastante ricos para se desfibrarem pela lassidão e perderem em vãs delícias o gosto pela verdadeira felicidade e pelas sólidas virtudes, nem bastante pobres para necessitarem de mais socorros estrangeiros do que aqueles que vossa atividade lhes proporciona; e essa liberdade preciosa, que só é mantida nas grandes nações com impostos exorbitantes, não lhes custa quase nada para ser conservada.

Possa durar sempre, para a felicidade de seus cidadãos e para o exemplo dos povos, uma república tão sábia e tão felizmente constituída! Eis o único voto que vos resta fazer e o único cuidado que vos resta tomar. Doravante, é somente a vocês que compete, não digo fazer vossa felicidade — vossos ancestrais vos evitaram esse trabalho —, mas torná-la duradoura pela sabedoria de bem fazer uso dela. É da vossa união perpétua, de vossa obediência às leis, de vosso respeito aos ministros destas que depende vossa conservação. Se resta entre vocês o menor germe de amargor ou de desconfiança, apressem-se a destruí-lo como um fermento funesto de que mais cedo ou mais tarde resultariam vossas desgraças e a ruína do Estado. Conjuro vocês a penetrarem no fundo do vosso coração e consultarem a voz secreta da vossa consciência. Algum de vocês conhece no universo um corpo mais íntegro, mais esclarecido, mais respeitável que o da vossa magistratura? Todos os seus membros acaso não dão o exemplo da moderação, da simplicidade de costumes, do respeito às leis e da mais sincera reconciliação? Depositem, pois, sem reserva em tão sábios chefes a salutar confiança que a razão deve à virtude; lembrem-se que eles são de vossa escolha, que a justificam e que as honrarias devidas aos que vocês constituíram em dignidade recaem necessariamente sobre vocês mesmos. Nenhum de vocês é tão pouco esclarecido para ignorar que, no momento em que cessam o rigor das leis e a autoridade de seus defensores, não pode haver nem segurança nem liberdade para ninguém. Trata-se então, para vocês, de fazer de bom grado e com uma justa confiança o que seriam obrigados a fazer por verdadeiro interesse, por dever e pela razão. Que uma culpada e funesta indiferença pela manutenção da constituição não os faça negligenciar nunca, quando necessário, as sábias opiniões dos mais esclarecidos e mais zelosos dentre vocês. Mas que a equidade, a moderação, a mais respeitosa firmeza continuem a reger todos os vossos atos e a mostrar em vocês, para todo o universo, o exemplo de um povo orgulhoso e modesto, tão zeloso de sua glória quanto de sua liberdade. Evitem sobretudo, e esse será meu último conselho, ouvir interpretações sinistras e discursos envenenados cujos motivos secretos costumam ser mais perigosos do que as ações de que são objeto. Toda uma casa acorda e fica alarmada aos primeiros gritos de um bom e fiel cão de guarda que nunca late, a não ser quando os ladrões se aproximam, mas odeia-se o caráter dos animais barulhentos que perturbam sem cessar o repouso público e cujas advertências contínuas e intempestivas não se fazem ouvir no momento em que são necessárias.

E vocês, MAGNÍFICOS E MUI HONORÁVEIS SENHORES; vocês, dignos e respeitáveis magistrados de um povo livre, permitam-me oferecer-lhes em particular minhas homenagens e meus respeitos. Se há no mundo uma posição adequada para ilustrar os que a ocupam, é sem dúvida aquela que os talentos e a virtude proporcionam, aquela de que os senhores se tornaram dignos e a que vossos concidadãos vos elevaram. O mérito destes acrescenta ao vosso um novo brilho, e escolhidos por homens capazes de governar outros para governar a eles mesmos, eu vos acho acima dos demais magistrados tanto quanto um povo livre, principalmente aquele que os senhores têm a honra de conduzir, está, por suas luzes e por sua razão, acima do populacho dos outros Estados.

Permitam-me citar um exemplo de que deveriam restar melhores vestígios e que estará sempre presente em meu coração. Não relembro sem a mais doce emoção a memória do virtuoso cidadão de quem recebi a vida e que tanto alimentou minha infância com o respeito que aos senhores era devido. Ainda o vejo vivendo do trabalho das suas mãos e nutrindo sua alma com as mais sublimes verdades. Vejo Tácito, Plutarco e Grotius misturados diante dele com os instrumentos do seu ofício. Vejo a seu lado um filho querido recebendo com tão pouco proveito as ternas instruções do melhor dos pais. Mas se os desatinos de uma juventude louca me fizeram esquecer por um tempo tão sábias lições, tenho a felicidade de constatar enfim que, qualquer que seja a inclinação que alguém possa ter para o vício, é difícil que uma educação em que se ponha o coração se perca para sempre.

Assim são, MAGNÍFICOS E MUI HONORÁVEIS SENHORES, os cidadãos e até mesmo os mais simples habitantes nascidos no Estado que os senhores governam; assim são esses homens instruídos e sensatos dos quais, nas outras nações, com o nome de operários e de povo, se tem ideias tão baixas e tão falsas. Meu pai, confesso com alegria, não se distinguia entre seus concidadãos; ele era o que todos são, e tal como ele era não há terra em que seu trato não fosse buscado, cultivado, com proveito até, pelos homens de bem. Não cabe a mim e, graças ao céu, não é necessário lhes falar da consideração que podem esperar dos senhores homens dessa têmpera, vossos iguais pela educação, assim como pelos direitos da natureza e do nascimento; vossos inferiores por vontade própria, pela preferência que eles deviam a vosso mérito e que concederam a este, e pela qual os senhores lhes devem, por vossa vez, uma espécie de reconhecimento. Fico sabendo com viva satisfação com quanta doçura e condescendência os senhores temperam com eles a gravidade adequada aos ministros das leis, quanto os senhores lhes retribuem em estima e atenções o que eles vos devem em obediência e respeito; conduta cheia de justiça e de sabedoria, apropriada para apagar cada vez mais a memória dos acontecimentos infelizes que devemos esquecer para nunca mais tornar a vê-los; conduta ainda mais judiciosa pelo fato de que esse povo equânime e generoso faz do seu dever um prazer, de que ele ama naturalmente vos honrar e que os mais ardentes em defender seus direitos são os mais propensos a respeitar os vossos.

Não deve causar espécie que os chefes de uma sociedade civil amem a glória e a felicidade desta, mas deve, sim, para sossego dos homens, que os que se veem como magistrados, ou antes como senhores de uma pátria mais santa e mais sublime, manifestem algum amor pela pátria terrestre que os nutre. Como me é agradável poder abrir a nosso favor uma exceção tão rara e inserir nas fileiras de nossos melhores cidadãos esses zelosos depositários dos dogmas sagrados autorizados pelas leis, esses veneráveis pastores das almas, cuja viva e doce eloquência leva da melhor maneira aos corações as máximas do Evangelho, que eles próprios sempre começam por praticar! Todo mundo sabe com que sucesso a grande arte do púlpito é cultivada em Genebra; no entanto, por demais acostumados a ver dizerem de uma maneira e fazerem de outra, poucas pessoas sabem até que ponto o espírito do cristianismo, a santidade dos costumes, a severidade para consigo mesmo e a doçura para com os outros reinam no nosso corpo de ministros. Talvez caiba unicamente à cidade de Genebra mostrar o exemplo edificante de uma união tão perfeita entre uma sociedade de teólogos e de homens de Letras. É em grande parte na sabedoria e na moderação reconhecidas de uns e de outros, é em seu zelo pela prosperidade do Estado que eu fundo a esperança da eterna tranquilidade deste; e observo com um prazer misto de espanto e de respeito o quanto eles têm horror às pavorosas máximas desses homens sagrados e bárbaros de que a história fornece mais de um exemplo e que, para sustentar os pretensos direitos de Deus, isto é, os interesses deles mesmos, eram tanto menos avaros de sangue humano quanto mais se gabavam que o deles seria sempre respeitado.

Poderia eu esquecer esta preciosa metade da República que faz a felicidade da outra e cujas doçura e sabedoria nela mantêm a paz e os bons costumes? Amáveis e virtuosas cidadãs, o destino de vosso sexo será sempre governar o nosso. Que felicidade quando vosso casto poder, exercido apenas na união conjugal, se faz sentir unicamente para a glória do Estado e a felicidade pública! Era assim que as mulheres comandavam em Esparta e é assim que vocês merecem comandar em Genebra. Que homem bárbaro poderia resistir à voz da honra e da razão na boca de uma terna esposa; e quem não desprezaria um luxo vão ao ver vosso simples e modesto traje que, pelo brilho que ele recebe de vocês, parece ser o mais favorável à beleza? Cabe a vocês manter sempre, por vossa amável e inocente ascendência e por vosso espírito insinuante, o amor às leis no Estado e a concórdia entre os cidadãos; reunir por casamentos felizes as famílias divididas; e principalmente corrigir pela persuasiva doçura de vossas lições e pelas graças modestas de vossa conversação as condutas que nossos jovens vão contrair em outros países, dos quais, em vez de tantas coisas úteis de que eles poderiam tirar proveito, eles só trazem, com um tom pueril e ares ridículos adquiridos entre as mulheres perdidas, a admiração por não sei que pretensas grandezas, frívolas compensações pela servidão, que nunca equivalerão à augusta liberdade. Sejam, portanto, sempre como vocês são, castas guardiãs dos costumes e doces laços da paz, e continuem a fazer valer, em todas as ocasiões, os direitos do coração e da natureza em benefício do dever e da virtude.

Eu me orgulho de não ser desmentido pelos acontecimentos, ao depositar em tais garantes a esperança da felicidade comum dos cidadãos e da glória da República. Confesso que, com todas essas vantagens, ela não brilhará com aquele brilho que ofusca a maioria dos olhares, cujo pueril e funesto gosto é o mais mortal inimigo da felicidade e da liberdade. Que uma juventude dissoluta vá buscar alhures prazeres fáceis e longos arrependimentos. Que as pretensas pessoas de bom gosto admirem em outras paragens a grandeza dos palácios, a beleza das carruagens, as soberbas mobílias, a pompa dos espetáculos e todos os refinamentos da languidez e do luxo. Em Genebra só se encontrarão homens, mas esse espetáculo tem seu preço, e os que o buscarem valerão mais que os admiradores do resto.

Dignem-se, MAGNÍFICOS, MUI HONORÁVEIS E SOBERANOS SENHORES, receber com a mesma bondade os respeitosos testemunhos do interesse que tenho por vossa prosperidade comum. Se eu fosse bastante infeliz para ser culpado de algum entusiasmo indiscreto nesta viva efusão do meu coração, suplico-lhes que perdoem o terno afeto de um verdadeiro patriota e o zelo ardente e legítimo de um homem que não visa uma felicidade maior para ele próprio além da de ver todos vocês felizes.

Sou, com o mais profundo respeito,

MAGNÍFICOS, MUI HONORÁVEIS
E SOBERANOS SENHORES,

Vosso humílimo e mui obediente
servidor e concidadão
JEAN-JACQUES ROUSSEAU.

Chambéry, 12 de junho de 1754

Prefácio

O mais útil e o menos avançado de todos os conhecimentos humanos me parece ser o do homem,[1] e ouso dizer que a inscrição do templo de Delfos* continha um preceito mais importante e mais difícil que todos os volumosos livros dos moralistas. Por isso, considero o tema deste discurso como uma das questões mais interessantes que a filosofia pode propor e, infelizmente para nós, como uma das mais espinhosas para os filósofos resolverem. Porque como conhecer a fonte da desigualdade entre os homens se não a começar por conhecer a si mesmos? E como o homem seria capaz de se ver tal como a natureza o formou, através de todas as mudanças que a sucessão dos tempos e das coisas devem ter produzido em sua constituição original e separar o que ele traz de seu próprio patrimônio daquilo que as circunstâncias e seus progressos acrescentaram ou mudaram em seu estado primitivo? Tal como a estátua de Glauco, que o tempo, o mar e as tempestades haviam desfigurado tanto que parecia menos um deus do que uma fera, a alma humana, alterada no seio da sociedade por mil causas que renascem sem cessar, pela aquisição de uma multidão de conhecimentos e de erros, pelas mudanças ocorridas

---

* Conhece a ti mesmo. [Esta e as demais notas chamadas por asterisco são do tradutor.]

na constituição do corpo e pelo choque contínuo das paixões, mudou por assim dizer de aparência a ponto de ficar quase irreconhecível; e já não encontramos nela — em vez de um ser agindo sempre de acordo com os princípios corretos e invariáveis, em vez dessa celeste e majestosa simplicidade com que seu Autor a tinha marcado — senão o disforme contraste da paixão que crê raciocinar e do entendimento delirante.

O que há de mais cruel ainda é que, como todos os progressos da espécie humana a distanciam incessantemente de seu estado primitivo, quanto mais acumulamos novos conhecimentos, mais nos privamos dos meios de adquirir o mais importante de todos; e que, em certo sentido, é de tanto estudar o homem que somos deixados sem condições de conhecê-lo.

É fácil visualizar que é nessas mudanças sucessivas da constituição humana que se deve buscar a origem das diferenças que distinguem os homens, os quais conforme a opinião comum são naturalmente tão iguais entre si quanto o eram os animais de cada espécie, antes que diversas causas físicas introduzissem em algumas delas as variedades que percebemos. De fato, não é concebível que essas primeiras mudanças, qualquer que seja o meio pelo qual ocorreram, tenham alterado ao mesmo tempo e da mesma maneira todos os indivíduos da espécie; mas tendo uns se aperfeiçoado ou deteriorado, e tendo adquirido diversas qualidades boas ou ruins que não eram inerentes à sua natureza, uns permaneceram mais tempo em seu estado original; e foi essa, entre os homens, a primeira fonte da desigualdade, que é mais fácil demonstrar assim, em geral, do que determinar com precisão suas verdadeiras causas.

Que meus leitores não imaginem, portanto, que ouso me gabar de ter visto o que me parece tão difícil de ver. Comecei alguns raciocínios; arrisquei algumas conjecturas, menos na esperança de resolver a questão do que na intenção de esclarecê-la e reduzi-la a seu verdadeiro estado. Outros poderiam facilmente ir mais longe no mesmo caminho, sem que seja fácil para ninguém chegar ao fim. Porque não é tarefa leve desemaranhar o que há de original e de artificial na natureza atual do homem, e bem conhecer um estado que não existe mais, que talvez não tenha existido, que provavelmente não existirá nunca e do qual, no entanto, é necessário ter noções justas para bem julgar nosso estado atual. Seria necessário inclusive mais filosofia do que se pensa para quem empreendesse determinar exatamente as precauções a tomar para fazer sobre esse tema observações consistentes; e uma boa solução do seguinte problema não me pareceria indigna dos Aristóteles e dos Plínios do nosso século: *Quais experiências seriam necessárias para chegar a conhecer o homem natural e quais os meios para fazer essas experiências no seio da sociedade?* Longe de empreender a solução desse problema, creio ter meditado bastante sobre o tema para ousar responder de antemão que os maiores filósofos não serão bons o suficiente para dirigir essas experiências, nem os mais poderosos soberanos para fazê-las, cooperação que não é razoável de esperar, sobretudo com a perseverança, ou antes, a sucessão de luzes e de boa vontade necessária de ambas as partes para ter êxito.

Essas pesquisas tão difíceis de fazer e sobre as quais pouco se pensou até aqui são, no entanto, os únicos meios que nos restam para superar uma multidão de dificuldades que nos ocultam o conhecimento dos fundamentos reais da sociedade humana. É essa ignorância da natureza do homem que lança tanta incerteza e tanta obscuridade na verdadeira definição do direito natural, porque a ideia do direito, diz o sr. Burlamaqui, e mais ainda a do direito natural, são manifestamente ideias relativas à natureza do homem. É, portanto, dessa natureza do homem, ele continua, da sua constituição e do seu estado que se deve deduzir os princípios dessa ciência.

Não é sem surpresa e sem escândalo que notamos a pouca concordância que reina sobre essa importante matéria entre os diversos autores que dela trataram. Entre os mais sérios escritores mal encontramos dois com a mesma opinião sobre esse ponto. Sem falar nos filósofos antigos, que parecem ter assumido como tarefa se contradizerem sobre os princípios mais fundamentais, os jurisconsultos romanos submetem indiferentemente o homem e todos os outros animais à mesma lei natural, porque consideram sob esse nome muito mais a lei que a natureza impõe a si mesma do que a lei que esta prescreve; ou antes, por causa da acepção particular segundo a qual os jurisconsultos entendem a palavra "lei", que eles parecem ter adotado nessa ocasião somente para exprimir relações gerais estabelecidas pela natureza entre todos os seres animados, para sua comum conservação. Como os modernos só reconhecem sob o nome de lei uma regra prescrita a um ser moral, isto é, inteligente, livre e considerado em suas relações com os outros seres, eles limitam, consequentemente, apenas ao animal dotado de razão, isto é, ao homem, a alçada da lei natural; mas definindo essa lei cada qual a seu modo, todos eles a estabelecem sobre princípios tão metafísicos que existe, mesmo entre nós, pouquíssima gente capaz de compreender esses princípios, quanto mais de conseguir encontrá-los por si mesmos. De sorte que todas as definições desses homens sábios, aliás em perpétua contradição entre elas, só coincidem com o fato de ser impossível entender a lei da natureza e, por conseguinte, obedecê-la, sem ser um grande argumentador e um profundo metafísico. O que significa precisamente que os homens devem empregar, para o estabelecimento da sociedade, luzes que só se desenvolvem com muita dificuldade e para muito pouca gente no seio da própria sociedade.

Conhecendo tão pouco a natureza e concordando tão pouco sobre o sentido da palavra "lei", seria bem difícil convir sobre uma boa definição de lei natural. Assim, todas as que encontramos nos livros, além do defeito de não serem uniformes, têm o de serem tiradas de vários conhecimentos que os homens não possuem naturalmente e das vantagens cuja ideia só podem conceber depois de terem saído do estado de natureza. Começa-se procurando as regras com base nas quais, para a utilidade comum, seria adequado os homens convirem entre si; depois, se dá o nome de lei natural à coleção dessas regras, sem outra prova senão o bem que se crê que resultaria da sua prática universal. Eis seguramente uma maneira bastante cômoda de compor definições e de explicar a natureza das coisas por meio de convenções quase arbitrárias.

Mas enquanto não conhecermos o homem natural, é inútil querermos determinar a lei que ele recebeu ou a que melhor convém à sua constituição. Tudo o que podemos ver claramente acerca dessa lei é que não só, para que ela seja lei, é preciso que a vontade de quem ela obriga possa se submeter a ela com conhecimento de causa, mas que, além disso, para que seja natural, é preciso que fale imediatamente pela voz da natureza.

Deixando, portanto, de lado todos os livros científicos que só nos ensinam a ver os homens tal como eles se fizeram, e meditando sobre as primeiras e mais simples operações da alma humana, creio perceber nela dois princípios anteriores à razão, um dos quais interessa ardentemente a nosso bem-estar e à nossa conservação, enquanto o outro nos inspira uma repugnância natural em ver perecer ou sofrer todo ser sensível e, principalmente, nossos semelhantes. É do concurso e da combinação que nosso espírito é capaz de fazer desses dois princípios, sem que seja necessário incluir o da sociabilidade, que me parecem decorrer todas as regras do direito natural; regras essas que, depois, a razão é forçada a restabelecer sobre outros fundamentos, quando, por seus desenvolvimentos sucessivos, ela tenha levado a cabo sufocar a natureza.

Dessa maneira não somos obrigados a fazer do homem um filósofo antes de fazer dele um homem; seus deveres para com os outros não lhe são unicamente ditados pelas tardias lições da sabedoria, e enquanto não resistir ao impulso interior da comiseração, ele nunca fará mal a outro ser sensível, salvo no caso legítimo em que, estando em jogo sua conservação, é obrigado a dar preferência a si mesmo. Por esse meio, encerram-se também as velhas querelas sobre a participação dos animais na lei natural, porque é claro que, desprovidos de luzes e de liberdade, eles não podem reconhecer essa lei; mas, ligados até certo ponto à nossa natureza pela sensibilidade de que são dotados, considerar-se-á que eles também devem participar do direito natural e que o homem está sujeito, em relação a eles, a certa espécie de deveres. De fato, parece que, se sou obrigado a não fazer nenhum mal a meu semelhante, é menos porque ele é um ser racional do que porque é um ser sensível, qualidade que, sendo comum ao animal e ao homem, deve pelo menos dar àquele o direito de não ser maltratado inutilmente por este.

Esse mesmo estudo do homem original, de suas verdadeiras necessidades e dos princípios fundamentais dos seus deveres ainda é o único meio adequado que se pode empregar para superar essas multidões de dificuldades que se apresentam sobre a origem da desigualdade moral, sobre os verdadeiros fundamentos do corpo político, sobre os direitos recíprocos de seus membros e sobre mil outras questões semelhantes, tão importantes quanto mal esclarecidas.

Considerando a sociedade humana com um olhar tranquilo e desinteressado, ela parece mostrar de início apenas a violência dos homens poderosos e a opressão dos fracos; o espírito se revolta contra a dureza de uns; somos levados a deplorar a cegueira dos outros; e como nada é menos estável entre os homens do que essas relações externas que o acaso produz com mais frequên-

PREFÁCIO

cia do que a sabedoria e as quais chamamos fraqueza
ou força, riqueza ou pobreza, as instituições humanas
parecem à primeira vista erguidas sobre montes de areia
movediça; é só examinando-as de perto, é só depois de
varrer a poeira e a areia que envolvem o edifício que se
percebe a base inabalável sobre a qual ele está erguido e
que se aprende a respeitar seus fundamentos. Ora, sem
o estudo sério do homem, de suas faculdades naturais e
de seus desenvolvimentos sucessivos, nunca se conseguirá
fazer essas distinções e separar na atual constituição das
coisas o que fez a vontade divina do que a arte humana
pretendeu fazer. As pesquisas políticas e morais a que dá
lugar a importante questão que examino são, portanto,
úteis de qualquer maneira, e a história hipotética dos governos é para o homem uma lição instrutiva, sob todos
os aspectos. Considerando o que teríamos nos tornado,
se entregues a nós mesmos, devemos aprender a abençoar
aquele cuja mão benfazeja, corrigindo nossas instituições
e dando a elas um assento inabalável, preveniu as desordens que deveriam daí resultar e fez nossa felicidade surgir dos meios que pareciam dever superar nossa miséria.

Quem te Deus esse
*Jussit, et humana qua parte locatus es in re, Disce.**

---

* Aprende o que Deus te ordenou a ser, e em que lugar das coisas humanas ele te situou.

Advertência sobre as notas

Acrescentei algumas notas a esta obra, conforme meu costume preguiçoso de trabalhar pulando de um assunto a outro. Essas notas às vezes se afastam tanto do tema que não são boas para serem lidas com o texto. Eu as deixei, portanto, para o fim do *Discurso*, no qual procurei seguir o caminho reto o melhor que pude. Os que tiverem a coragem de recomeçar, poderão se distrair da segunda vez procurando e tentando percorrer as notas; não haverá nenhum mal se os outros não as lerem.

QUESTÃO
proposta pela Academia de Dijon

Qual é a origem da desigualdade
entre os homens, e se ela é legitimada
pela lei natural.

Discurso sobre a origem e os fundamentos da desigualdade entre os homens

É do homem que tenho a falar, e a questão que examino me faz saber que vou falar a homens, porque não se propõem questões quando se teme honrar a verdade. Defenderei, portanto, com confiança a causa da humanidade diante dos sábios que me convidam a fazê-lo e não ficarei insatisfeito comigo mesmo se me tornar digno do meu tema e dos meus juízes.

Concebo na espécie humana dois tipos de desigualdade: uma eu chamo de natural ou física, por ser estabelecida pela natureza, e que consiste na diferença das idades, da saúde, das forças do corpo e das qualidades do espírito ou da alma; a outra, que podemos chamar de desigualdade moral ou política, por depender de uma espécie de convenção e por ser estabelecida, ou pelo menos autorizada, pelo consentimento dos homens. Esta consiste nos diferentes privilégios de que alguns desfrutam em prejuízo de outros, como o de ser mais ricos, mais honrados, mais poderosos do que estes, ou mesmo o de se fazer obedecer por eles.

Não se pode perguntar qual é a fonte da desigualdade natural, porque a resposta se encontraria enunciada na simples definição da palavra. Pode-se ainda menos procurar se não haveria alguma ligação essencial entre as duas desigualdades, porque seria perguntar, em outros termos, se os que comandam valem necessariamente mais do que os que obedecem e se a força do corpo ou do espírito, a sabedoria ou a virtude se encontram sempre nos mesmos indivíduos, proporcionalmente ao poder ou à riqueza. Uma boa questão, talvez, para agitar entre escravos ouvidos por seus amos, mas que não convém a homens racionais e livres, que buscam a verdade.

De que se trata então, precisamente, neste discurso? De assinalar no progresso das coisas o momento em que, sucedendo o direito à violência, a natureza foi submetida à lei; de explicar por que encadeamento de prodígios o forte pôde se decidir a servir ao fraco e o povo a comprar um repouso ideal, à custa de uma felicidade real.

Os filósofos que examinaram os fundamentos da sociedade sentiram todos a necessidade de remontar até o estado de natureza, mas nenhum deles conseguiu. Uns não hesitaram em atribuir ao homem nesse estado a noção de justo e de injusto, sem se preocupar em mostrar que ele devia ter essa noção, nem mesmo que ela lhe era útil; outros falaram do direito natural que cada um tem de conservar o que lhe pertence, sem explicar o que eles entendiam por pertencer; outros, começando por dar ao mais forte autoridade sobre o mais fraco, logo fizeram nascer o governo, sem pensar no tempo que deve ter transcorrido antes que o sentido das palavras "autoridade" e "governo" pudesse existir entre os homens; enfim, todos, falando sem cessar de necessidade, de avidez, de opressão, de desejos e de orgulho, transportaram ao estado de natureza ideias que haviam adquirido na sociedade — eles falavam do homem selvagem e pintavam o homem civil. Nem sequer veio à mente da maioria dos nossos duvidar que o estado de natureza tenha existido, quando é evidente, pela leitura dos livros sagrados, que o primeiro homem, tendo imediatamente recebido de Deus luzes e preceitos, não se encontrava nesse estado e que, somando aos escritos de Moisés a fé que lhes deve todo filósofo cristão, deve-se negar que mesmo antes do dilúvio os homens tenham se encontrado um dia no puro estado de natureza, a não ser que nele tenham recaído por algum acontecimento extraordinário: paradoxo embaraçosíssimo de defender e totalmente impossível de provar.

Comecemos, pois, por descartar todos os fatos, pois eles não tocam a questão. Não se deve considerar as pesquisas sobre esse tema a que podemos aderir como verdades históricas, mas sim como raciocínios hipotéticos e condicionais, mais adequados a esclarecer a natureza das coisas do que a mostrar sua verdadeira origem, tal como fazem todos os dias nossos físicos sobre a formação do mundo. A religião nos manda crer que, tendo o próprio Deus tirado os homens do estado de natureza imediatamente após a criação, eles são desiguais porque Ele quis que fossem; mas ela não nos proíbe de formar conjecturas tiradas somente da natureza do homem e dos seres que o cercam, sobre o que poderia ter se tornado o gênero humano se tivesse sido entregue a si mesmo. É isso que me perguntam e que proponho examinar neste discurso. Como meu tema interessa ao homem em geral, tratarei de adotar uma linguagem que convenha a todas as nações, ou antes, esquecendo os tempos e lugares, para pensar apenas nos homens a quem falo, eu me suporei no Liceu de Atenas, repetindo as lições dos meus mestres, tendo os Platões e os Xenócrates como juízes, e o gênero humano como ouvinte.

Ó homem, qualquer que seja o lugar de onde você é, quaisquer que sejam as suas opiniões, escute: esta é a sua história, tal como eu acreditei ler, não nos livros dos seus semelhantes, que são mentirosos, mas na natureza que nunca mente. Tudo que da natureza for será verdadeiro; só haverá falsidade se eu misturar sem querer coisa minha. Os tempos de que vou falar estão bem distantes: como você mudou em comparação com o que você era! É por assim dizer a vida da sua espécie que eu vou descrever de acordo com as qualidades que você recebeu, que sua educação e seus costumes podem ter depravado mas não puderam destruir. Há, eu sinto isso, uma era na qual o homem individual gostaria de se deter; você buscará uma era na qual desejaria que sua espécie tivesse se detido. Descontente com seu estado presente por razões que anunciam à sua posteridade infeliz descontentamentos ainda maiores, você talvez pudesse retroceder. E esse sentimento deve fazer o elogio dos seus primeiros ancestrais, a crítica dos seus contemporâneos e o pavor dos que terão o infortúnio de viver depois de você.

PRIMEIRA PARTE

Por mais importante que seja, para bem julgar o estado natural do homem, considerá-lo desde a origem e examiná-lo, por assim dizer, no primeiro embrião da espécie, não acompanharei sua organização ao longo de seus desenvolvimentos sucessivos; não me deterei procurando no sistema animal o que ele pode ter sido no início para se tornar enfim o que é; não examinarei se, como pensa Aristóteles, suas unhas alongadas não foram antes garras curvas; se não era peludo como um urso e se, andando em quatro patas,[1] seu olhar dirigido para o chão e limitado a um horizonte de alguns passos não marcava ao mesmo tempo o caráter e os limites das suas ideias. Eu só poderia formar sobre esse tema conjecturas vagas e quase imaginárias: a anatomia comparada ainda teve pouco progresso, as observações dos naturalistas ainda são demasiado incertas para que se possa estabelecer sobre tais fundamentos a base de um raciocínio sólido. Assim, sem recorrer aos conhecimentos sobrenaturais que temos sobre esse ponto, e sem levar em conta as mudanças que devem ter sobrevindo na conformação tanto interna como externa do homem, à medida que ele dava novos usos a seus membros e que se nutria de novos alimentos, eu o suporei feito desde sempre como o vejo hoje, andando sobre dois pés, servindo-se das mãos como fazemos com as nossas, lançando seu olhar a toda a natureza e medindo com os olhos a vasta extensão do céu.

Despojando esse ser, assim constituído, de todos os dons sobrenaturais que pode ter recebido e de todas as faculdades artificiais que só pode ter adquirido por longos progressos; numa palavra, considerando-o tal como deve ter saído das mãos da natureza, vejo um animal menos forte que uns, menos ágil que outros, porém, tudo bem pesado, organizado de forma mais vantajosa do que todos. Eu o vejo matando a fome à sombra de um carvalho, saciando a sede no primeiro riacho, encontrando sua cama ao pé da mesma árvore que lhe forneceu sua refeição, e eis suas necessidades satisfeitas.

A Terra, abandonada à sua fertilidade natural[2] e coberta de florestas imensas que o machado jamais mutilou, oferece a cada passo armazéns e abrigos para os bichos de toda espécie. Os homens, dispersos entre si, observam, imitam a atividade destes e se elevam assim até o instinto dos animais selvagens, com a vantagem de que cada espécie só tem o instinto dela própria e que o homem, não tendo talvez nenhum que lhe pertença, se apropria de todos, se alimenta igualmente da maioria dos alimentos diversos[3] que os outros animais compartilham e encontra por conseguinte sua subsistência mais facilmente que qualquer um deles.

Acostumados desde a infância às intempéries do ar e ao rigor das estações, exercitados à fadiga e forçados a defender nus e sem armas sua vida e sua presa contra os outros animais ferozes, ou a escapar destes na corrida, os homens desenvolvem um físico robusto e quase inalterável. Os filhos, trazendo ao mundo a excelente constituição de seus pais e fortalecendo-a por meio dos mesmos exercícios que a produziram, adquirem assim todo o vigor de que a espécie humana é capaz. A natureza faz com eles precisamente o que faz a lei de Esparta com os filhos dos cidadãos: ela torna fortes e robustos os que são bem constituídos e faz perecer todos os outros, diferente nisso de nossas sociedades, em que o Estado, tornando os filhos onerosos aos pais, os mata indistintamente antes do seu nascimento.

Sendo o corpo do homem o único instrumento que ele conhece, ele o emprega para diversos usos, de que, pela falta de exercício, o nosso é incapaz, e é nosso trabalho que nos tira a força e a agilidade que a necessidade o obriga a adquirir. Se ele tivesse um machado, seu punho quebraria galhos tão fortes? Se tivesse uma funda, atiraria com a mão uma pedra com tanta rigidez? Se tivesse uma escada, grimparia tão lepidamente numa árvore? Se tivesse um cavalo, seria tão rápido na corrida? Deem ao homem civilizado o tempo de reunir todas as suas máquinas ao seu redor, e não duvidem que ele superará facilmente o homem selvagem; mas se quiserem ver um combate mais desigual ainda, coloquem os dois nus e desarmados um em frente ao outro, e logo reconhecerão qual é a vantagem de ter sem cessar todas as suas forças à sua disposição, de estar sempre pronto para todo acontecimento, e de se comportar, por assim dizer, sempre formando um todo consigo mesmo.[4]

Hobbes supõe que o homem seja naturalmente intrépido e só procura atacar e combater. Um filósofo ilustre pensa o contrário, e Cumberland e Pufendorf também asseguram que nada é tão tímido quanto o homem no estado de natureza, e que ele está sempre trêmulo e disposto a fugir ao menor ruído que ouça, ao menor movimento que perceba. Pode ser assim no caso dos objetos que ele não conhece, e não duvido que fique assustado com todos os novos espetáculos que se oferecem a ele todas as vezes que não consegue distinguir entre o bem e o mal físicos que deve esperar deles, nem comparar suas forças com os perigos que tem a correr; circunstâncias raras no estado de natureza, em que todas as coisas funcionam de uma maneira tão uniforme e em que a face da terra não está sujeita a essas mudanças bruscas e contínuas causadas pelas paixões e pela inconstância dos povos reunidos. Mas, vivendo disperso entre os animais e desde cedo se encontrando na contingência de se medir com eles, o homem selvagem logo com eles se compara e, sentindo que os supera em destreza, que eles não o superam em força, aprende a não mais temê-los. Ponha um urso ou um lobo às voltas com um selvagem robusto, ágil, corajoso, como todos eles são, armado de pedra e de um bom porrete, e verão que o perigo será no mínimo recíproco e que depois de várias experiências semelhantes, os animais ferozes que não gostam de se atacar um ao outro só muito a contragosto atacarão o homem, que acharão tão ferozes quanto eles. Quanto aos animais que têm de fato mais força do que ele tem destreza, ele fica, em relação a estes, no caso das outras espécies mais fracas, que nem por isso deixam de subsistir, com a seguinte vantagem para o homem: a de que, não menos propenso que eles à corrida e por encontrar nas árvores um refúgio quase seguro, ele sempre pode se decidir entre pegar ou largar, e optar pela fuga ou pelo combate. Acrescentemos que não parece que nenhum animal faça naturalmente guerra ao homem, salvo no caso da sua defesa ou de uma fome extrema, nem contra este ateste essas violentas antipatias que parecem anunciar que uma espécie é destinada pela natureza a servir de pasto a outra.

Outros inimigos mais temíveis, contra os quais o homem não tem os mesmos meios de defesa, são as vulnerabilidades físicas naturais: a infância, a velhice e as doenças de toda espécie, tristes sinais da nossa fraqueza, sendo os dois primeiros comuns a todos os animais e o último pertencente principalmente ao homem que vive em sociedade. Observo inclusive, acerca da infância, que a mãe que leva sempre o filho consigo, tem muito mais facilidade de alimentá-lo do que as fêmeas de vários animais, que são forçadas a ir e vir sem cessar, com muito cansaço, por um lado para buscar comida para si, por outro para amamentar ou alimentar seus filhotes. É verdade que, se a mulher perece, o filho corre forte risco de perecer com ela, mas esse perigo é comum a várias outras espécies, cujas crias ficam por muito tempo sem condições de ir procurar sozinhas seus alimentos; e se a infância é mais demorada entre nós, sendo a vida mais longa também, tudo fica mais ou menos igual nesse ponto,[5] embora haja sobre a duração da primeira idade e sobre o número de crias[6] outras regras que não são do meu tema. Entre os velhos, que agem e transpiram pouco, a necessidade de alimentos diminui com a faculdade de provê-los; e como a vida selvagem afasta deles a gota e os reumatismos, e a velhice é de todos os males o que o socorro humano menos pode aliviar, eles terminam se extinguindo sem que se perceba que deixam de existir, e quase sem eles mesmos perceberem.

Eis, sem dúvida, a razão pela qual os negros e os selvagens se incomodam tão pouco com as feras que podem encontrar na selva. Os caraíbas da Venezuela, entre outros, vivem sob esse aspecto na mais profunda segurança e sem o menor inconveniente. Embora andem quase nus, diz François Corréal, não deixam de se expor ousadamente no mato, armados apenas com arco e flecha; mas nunca se ouviu dizer que um deles tenha sido devorado por uma fera.

Quanto às doenças, não vou repetir as vãs e falsas declamações que a maioria das pessoas saudáveis faz contra a medicina, mas perguntarei se há alguma observação sólida com base na qual se possa concluir que nos países em que essa arte é mais negligenciada a vida média do homem é mais curta do que naqueles em que é cultivada com mais cuidado. Como poderia ser, se nós nos causamos mais males do que a medicina pode nos fornecer em remédios! A extrema desigualdade na maneira de viver, excesso de ócio para uns, excesso de trabalho para outros, a facilidade de atiçar e de satisfazer nossos apetites e nossa sensualidade, os alimentos demasiado rebuscados dos ricos, que os nutrem com sucos caloríferos e os cumulam de indigestões, a má alimentação dos pobres, que muitas vezes até lhes falta, o que os leva a sobrecarregar avidamente seu estômago quando comem, as noitadas, os excessos de toda sorte, os arrebatamentos imoderados de todas as paixões, os cansaços e o esgotamento do espírito, os desgostos e pesares incontáveis que sentimos em todos os estados e que corroem perpetuamente as almas — eis as funestas provas de que a maioria dos nossos males são obra nossa e que nós evitaríamos quase todos eles se conservássemos a maneira de viver simples, uniforme e solitária que nos era prescrita pela natureza. Se ela nos destinou a ser sadios, ouso quase assegurar que o estado de reflexão é um estado contranatural e que o homem que medita é um animal depravado. Quando se pensa na boa constituição dos selvagens, pelo menos dos que nós não desgraçamos com nossos licores fortes, quando se sabe que eles quase não conhecem doenças, fora os ferimentos e a velhice, somos levados a crer que escreveríamos facilmente a história das doenças humanas acompanhando a das sociedades civis. Em todo caso, é essa a opinião de Platão, que julga, com base em certos remédios empregados ou aprovados por Podalírio e Macaão no cerco de Troia, que diversas doenças que esses remédios suscitariam ainda não eram conhecidas entre os homens; e Celso relata que a dieta, hoje tão necessária, só veio a ser inventada por Hipócrates.

Com tão poucas fontes de males, o homem no estado de natureza não necessita de remédios, menos ainda de médicos; a espécie humana não está, também sob esse aspecto, em pior condição do que todas as outras, e é fácil saber dos caçadores se em suas caçadas encontram muitos animais doentes. Encontram vários que sofreram ferimentos consideráveis muito bem cicatrizados, que tiveram ossos e até mesmo membros quebrados e recuperados sem outro cirurgião que não o tempo, sem outro regime que não sua vida ordinária e que não se curaram menos perfeitamente por não terem sido atormentados com incisões, envenenados com drogas nem extenuados com jejuns. Enfim, por mais útil que possa ser entre nós a medicina bem ministrada, é sempre certo que, se o selvagem doente entregue a si mesmo nada tem a esperar que não venha da natureza, por outro lado nada tem a temer que não venha da sua doença, o que torna sua situação muitas vezes preferível à nossa.

Evitemos, portanto, confundir o homem selvagem com os homens que temos diante de nossos olhos. A natureza trata todos os animais entregues a seus cuidados com uma predileção que parece mostrar o quanto ela é ciosa desse direito. O cavalo, o gato, o touro, o próprio burro têm, em geral, maior estatura, todos têm uma constituição mais robusta, mais vigor, força e coragem nas florestas do que nós em nossas casas; eles perdem a metade dessas vantagens se tornando domésticos — dir-se-ia que todos os nossos cuidados para tratar e alimentar bem esses animais só levam a abastardá-los. É assim com o próprio homem: tornando-se sociável e escravo, ele se torna fraco, medroso, rasteiro, e sua maneira de viver, lânguida e afeminada, acaba tirando ao mesmo tempo sua força e sua coragem. Acrescentemos que entre as condições selvagem e doméstica a diferença entre um homem e outro deve ser maior que a entre animais; porque tendo sido o animal e o homem tratados igualmente pela natureza, todas as comodidades que o homem proporciona mais a si próprio que aos animais que ele domestica são causas particulares que o fazem degenerar mais sensivelmente.

Não é, portanto, uma desgraça tão grande para esses primeiros homens, nem sobretudo um obstáculo tão grande à sua conservação, a nudez, a falta de habitação e a privação de todas essas inutilidades que acreditamos tão necessárias. Se não têm a pele peluda, é que não têm a menor necessidade disso nos países quentes, e logo aprendem nos países frios a se apropriar da pele dos bichos que mataram; se só têm dois pés para correr, têm dois braços para prover à sua defesa e às suas necessidades; seus filhos talvez caminhem tarde e com dificuldade, mas as mães os carregam com facilidade, vantagem que falta às outras espécies, em que a mãe ao ser perseguida se vê obrigada a abandonar suas crias ou a regular seu passo pelo destas. Enfim, a menos que se suponha um desses concursos singulares e fortuitos de circunstâncias de que falarei em seguida e que podiam muito bem nunca ocorrer, é claro, em todo caso, que o primeiro que fez para si uma roupa ou uma habitação se proporcionou com isso coisas pouco necessárias, pois até então as dispensava, e não se vê por que ele não poderia suportar, homem-feito, um gênero de vida que suportava desde a infância.

Sozinho, ocioso e sempre vizinho do perigo, o homem selvagem deve gostar de dormir e deve ter um sono leve como os animais, que, pensando pouco, dormem por assim dizer todo o tempo em que não pensam. Sendo sua própria conservação quase seu único cuidado, suas faculdades mais exercitadas devem ser as que têm por objeto principal o ataque e a defesa, seja para subjugar sua presa, seja para evitar ser a presa de outro animal. Ao contrário, os órgãos que só se aperfeiçoam pela languidez e pela sensualidade devem permanecer num estado de grosseria que exclui, nele, toda sorte de delicadeza; e como seus sentidos se acham divididos quanto a esse ponto, ele terá o tato e o paladar de uma rudeza extrema; a visão, a audição e o olfato da maior sutileza. Esse é o estado animal em geral e também é, de acordo com o relato dos viajantes, o da maioria dos povos selvagens. Assim, não deve causar espanto que os hotentotes do cabo da Boa Esperança descobriam, a vista desarmada, naus em alto-mar de tão longe quanto os holandeses com suas lunetas, nem que os selvagens da América sentissem o cheiro dos espanhóis ao segui-los, como poderiam fazer os melhores cães, nem que todas essas nações bárbaras suportem sem problema sua nudez, agucem seu paladar com a pimenta e bebam licores europeus como se fossem água.

Até aqui considerei apenas o homem físico; procuremos enxergá-lo agora pelo aspecto metafísico e moral.

Não vejo em todo animal mais que uma máquina engenhosa a quem a natureza deu sentidos para ela mesma se revigorar e se garantir, até certo ponto, contra tudo o que tende a destruí-la ou perturbá-la. Percebo precisamente as mesmas coisas na máquina humana, com a diferença de que somente a natureza faz tudo nas operações do animal, ao passo que o homem concorre para as suas na qualidade de agente livre. Um escolhe ou rejeita por instinto, outro por um ato de liberdade, o que faz co que o animal não possa se afastar da regra que lhe é prescrita, mesmo que lhe fosse vantajoso fazê-lo, e que o homem muitas vezes dela se afasta para seu prejuízo. Assim, um pombo morreria de fome perto de um tanque repleto das melhores carnes, e um gato em cima de montes de frutas ou de grãos, muito embora um e outro pudessem muito bem se nutrir com o alimento que desdenha, se pensasse experimentá-lo. É assim que os homens dissolutos se entregam a excessos que lhes causam a febre e a morte, porque o espírito deprava os sentidos e a vontade ainda fala quando a natureza se cala.

Todo animal tem ideias já que tem sentidos. Ele inclusive combina até certo ponto suas ideias, e sob esse aspecto o homem só difere do animal em intensidade. Alguns filósofos chegaram até a sustentar que há mais diferença entre este homem e aquele homem do que entre este homem e aquele animal. Portanto, o que estabelece entre os animais a distinção específica do homem não é tanto o entendimento quanto sua qualidade de agente livre. A natureza comanda todo animal, e o animal obedece. O homem experimenta a mesma sensação, mas se reconhece livre de aquiescer ou de resistir, e é sobretudo na consciência dessa liberdade que se mostra a espiritualidade da sua alma, porque a física explica de certo modo o mecanismo dos sentidos e a formação das ideias; mas no poder de querer, ou antes, de escolher e na sensação desse poder só encontramos atos puramente espirituais, nada dos quais se explica pelas leis da mecânica.

Mas ainda que as dificuldades que cercam todas essas questões dessem algum espaço para discutir a diferença entre o homem e o animal, há outra qualidade muito específica que os distingue e sobre a qual não pode haver contestação: a faculdade de se aperfeiçoar, faculdade que, com a ajuda das circunstâncias, desenvolve sucessivamente todas as outras e reside, entre nós, tanto na espécie como no indivíduo, ao passo que um animal é, após alguns meses, o que será a vida toda, e sua espécie, ao fim de mil anos, o que ela era no primeiro ano desses mil anos. Por que somente o homem está sujeito a se tornar imbecil? Não será porque ele volta assim a seu estado primitivo e que, enquanto o animal que nada adquiriu e que tampouco nada tem a perder permanece sempre com seu instinto, ao passo que o homem, perdendo com a velhice ou outros acidentes tudo o que sua *perfectibilidade* lhe havia feito adquirir, cai assim mais baixo que o próprio animal? Seria triste para nós sermos forçados a convir que essa faculdade distintiva e quase ilimitada seja a fonte de todas as desgraças do homem; que é ela que o tira, com o passar do tempo, dessa condição original em que ele passaria dias tranquilos e inocentes; que é ela que, fazendo desabrochar com os séculos suas luzes e seus erros, seus vícios e suas virtudes, o torna, com o tempo, tirano de si mesmo e da natureza.[7]

Seria terrível termos de louvar como um ser benfazejo o primeiro que sugeriu ao habitante das margens do Orenoco o uso daquelas ripas que ele aplica nas têmporas de seus filhos e que asseguram a estes pelo menos uma parte da sua imbecilidade e da sua felicidade original.

O homem selvagem, entregue pela natureza totalmente ao instinto, ou antes, recompensado talvez pela falta de instinto, começará, portanto, mediante faculdades capazes inicialmente de substituir a este e de elevá-lo bem acima daquela, pelas funções puramente animais:[8] perceber e sentir será seu primeiro estado, que terá em comum com todos os animais. Querer e não querer, desejar e temer serão as primeiras e quase as únicas operações da sua alma, até que novas circunstâncias causem novos desenvolvimentos a elas.

Não obstante o que dizem os moralistas, o entendimento humano deve muito às paixões, que, por um comum reconhecimento, também lhe devem muito: é pela atividade delas que nossa razão se aperfeiçoa. Nós só procuramos conhecer porque desejamos desfrutar, e não é possível conceber por que quem não tivesse nem desejos nem temores se daria ao trabalho de raciocinar. As paixões, por sua vez, têm sua origem em nossas necessidades, e o progresso delas, em nossos conhecimentos, porque não se pode desejar ou temer as coisas a não ser com base nas ideias que dela podemos ter, ou pelo simples impulso da natureza. E o homem selvagem, privado de toda sorte de luzes, só experimenta paixões desta última espécie; seus desejos não vão além das suas necessidades físicas.[9] Os únicos bens que ele conhece no Universo são a comida, uma fêmea e o repouso; os únicos males que ele teme são a dor e a fome. Digo a fome, e não a morte, porque o animal nunca saberá o que é morrer, e o conhecimento da morte e de seus terrores é uma das primeiras aquisições que o homem fez ao se afastar da condição animal.

Seria fácil para mim, se me fosse necessário, apoiar esse sentimento em fatos e fazer ver que em todas as nações do mundo os progressos do espírito são precisamente proporcionais às necessidades que os povos haviam recebido da natureza ou a que as circunstâncias os haviam sujeitado e, por conseguinte, às paixões que os levavam a prover a essas necessidades. Eu mostraria no Egito as artes nascendo e se estendendo com os transbordamentos do Nilo; eu seguiria seus progressos entre os gregos, onde as vimos germinar, crescer e se elevar até os céus entre as areias e os rochedos da Ática, sem poder se enraizar nas margens férteis do Eurotas; observaria que em geral os povos do Norte são mais industriosos que os do Sul, porque podem menos que aqueles se dispensar de sê--lo, como se a natureza quisesse assim igualar as coisas, dando aos espíritos a fertilidade que ela recusa à terra.

Mas sem recorrer aos testemunhos incertos da história, quem não vê que tudo parece afastar do homem selvagem a tentação e os meios de cessar de sê-lo? Sua imaginação não lhe pinta nada; seu coração não lhe pede nada. Suas módicas necessidades se acham tão facilmente à sua mão, e ele está tão longe do grau de conhecimentos necessários para desejar adquirir conhecimentos maiores, que não pode ter nem previdência, nem curiosidade. O espetáculo da natureza se torna indiferente para ele, de tanto se tornar familiar. É sempre a mesma ordem, são sempre as mesmas revoluções. Ele não tem um espírito que se assombra com as maiores maravilhas, e não é nele que se deve buscar a filosofia de que o homem necessita para saber observar uma vez o que viu todos os dias. Sua alma, que nada agita, se entrega unicamente ao senso da sua existência atual, sem nenhuma ideia do porvir, por mais próximo que este possa estar, e seus projetos, limitados como sua visão das coisas, mal se estendem até o fim do dia. Assim é hoje em dia o grau de previdência do caraíba: ele vende de manhã seu leito

A ORIGEM DA DESIGUALDADE ENTRE OS HOMENS   49

de algodão e vem chorar ao anoitecer para comprá-lo de volta, por não ter previsto que precisaria dele para a noite seguinte.

Quanto mais meditamos sobre esse tema, mais a distância entre as sensações puras e os mais simples conhecimentos cresce diante da nossa vista; é impossível conceber como um homem poderia por suas próprias forças, sem o socorro da comunicação e sem o aguilhão da necessidade, superar tão grande intervalo. Quantos séculos talvez tenham passado antes que os homens tenham tido a seu alcance ver outro fogo que não o do céu? Quanto tempo não precisaram de diferentes acasos para aprender os usos mais comuns desse elemento? Quantas vezes não o deixaram apagar, antes de adquirir a arte de reproduzi-lo? E quantas vezes talvez cada um desses segredos não morreu com aquele que o descobriu? Que diremos da agricultura, arte que requer tanto trabalho e tanta previdência, que está ligada a outras artes, que muito evidentemente só é praticável numa sociedade pelo menos iniciada e que nos serve não tanto para extrair da terra alimentos, que a terra forneceria mesmo sem isso, quanto para submetê-la às preferências que são mais de nosso gosto? Mas suponhamos que os homens tivessem se multiplicado tanto que as produções naturais não bastariam para alimentá-los, suposição que, para dizer de passagem, mostraria uma grande vantagem para a espécie humana nessa maneira de viver. Suponhamos que sem forjas e sem oficinas os instrumentos da lavoura tenham caído do céu nas mãos dos selvagens; que esses homens tivessem vencido o ódio mortal que todos eles têm por um trabalho contínuo; que eles houvessem aprendido a prever tão longe suas necessidades que teriam adivinhado como cultivar a terra, semear os grãos e plantar as árvores; que teriam encontrado a arte de moer o trigo, de fermentar a uva — coisas, todas elas, que teriam precisado que os deuses lhes ensinassem, na impossibilidade de concebermos como eles as teriam aprendido por si mesmos. Qual seria depois disso o homem bastante insensato para se atormentar com o cultivo de um campo que seria saqueado pelo primeiro que aparecesse, homem ou bicho, indiferentemente, a quem essa colheita conviria; e como ele poderia se decidir a passar a vida num trabalho penoso, cuja recompensa é tanto mais certo que ele não auferiria, quanto mais esse trabalho lhe fosse necessário? Numa palavra, como essa situação poderá levar os homens a cultivar a terra enquanto ela não tiver sido compartilhada entre eles, isto é, enquanto o estado de natureza não for aniquilado?

Se quiséssemos supor um homem selvagem tão hábil na arte de pensar quanto nossos filósofos o pintam; se fizéssemos dele próprio, a exemplo destes, um filósofo que descobrisse sozinho as mais sublimes verdades, criando, por uma série de raciocínios altamente abstratos, máximas de justiça e de razão extraídas do amor à ordem em geral ou da vontade conhecida de seu Criador; numa palavra, se supuséssemos que seu espírito tem tanta inteligência e luzes quanto deve ter, e quanto nele de fato encontramos, de embotamento e estupidez, que utilidade tiraria a espécie de toda essa metafísica, que seria incapaz de se comunicar e que pereceria com o indivíduo que a houvesse inventado? Que progresso poderia fazer o gênero humano espalhado nas florestas entre os animais? E até que ponto poderiam se aperfeiçoar e se esclarecer mutuamente homens que, não tendo nem domicílio fixo e nenhuma necessidade um do outro, se encontrassem talvez apenas duas vezes na vida sem se conhecer e sem se falar?

Imaginemos quantas ideias devemos ao uso da palavra; quanto a gramática exercita e facilita as operações do espírito; pensemos nas dificuldades inconcebíveis e no tempo infinito que deve ter custado a primeira invenção das línguas; juntemos essas reflexões às precedentes, e julgaremos quantos milhares de séculos foram necessários para desenvolver sucessivamente no espírito humano as operações de que ele era capaz.

Permitam-me considerar um instante os embaraços da origem das línguas. Poderia me contentar em citar ou repetir aqui as pesquisas que o abade de Condillac fez sobre essa matéria, todas as quais confirmam plenamente meu sentimento e que talvez tenham me dado uma primeira ideia da questão. Mas a maneira como esse filósofo resolve as dificuldades que ele põe a si mesmo sobre a origem dos sinais instituídos, mostrando que supôs o que questiono, a saber uma espécie de sociedade já estabelecida entre os inventores da linguagem, creio, remetendo às suas reflexões, que eu deva juntar a estas as minhas a fim de expor as mesmas dificuldades sob a luz que convém a meu tema. A primeira que se apresenta é imaginar como elas puderam se tornar necessárias, porque, não tendo os homens nenhuma ligação entre si, e nenhuma necessidade de ter, não se concebe nem a necessidade dessa invenção, nem a sua possibilidade, se ela não era indispensável. Eu poderia dizer, como muitos outros, que as línguas nasceram na relação doméstica entre os pais, as mães e os filhos, mas, além de isso não resolver as objeções, seria cometer o erro dos que, raciocinando sobre o estado de natureza, transportam a esse as ideias tomadas da sociedade, veem sempre a família reunida numa mesma habitação e seus membros guardando entre si uma união tão íntima e tão permanente quanto entre nós, em que tantos interesses comuns os reúnem; ao passo que, nesse estado primitivo, não tendo nem casa, nem cabanas, nem propriedade de nenhuma espécie, cada um se alojava ao acaso e muitas vezes por uma só noite. Os machos e as fêmeas se uniam fortuitamente conforme o encontro, a ocasião e o desejo, sem que a palavra fosse uma intérprete necessária das coisas que eles tinham a se dizer. Eles se deixavam com a mesma facilidade.[10] Primeiro a mãe amamentava os filhos por sua própria necessidade; depois, tendo o costume tornado os filhos caros a ela, ela os alimentava por necessidade deles. Assim que eles tinham força para buscar sua alimentação, não tardavam a deixar a mãe. E como quase não havia outro meio de se encontrarem, fora o de não se perderem de vista, eles logo chegavam ao ponto de não se reconhecerem. Notem também que tendo a criança todas as suas necessidades a explicar e, por conseguinte, mais coisas a dizer à mãe do que a mãe ao filho, é ele que deve arcar com o maior custo da invenção, e a língua que ele emprega deve ser em grande parte sua própria obra, o que multiplica as línguas em funçao dos indivíduos a falá-las, para o que contribui por sua vez a vida errante e vagabunda que não deixa a nenhum idioma o tempo de adquirir consistência, porque dizer que a mãe dita ao filho as palavras que ele deverá utilizar para pedir a ela isto e aquilo mostra muito bem como se ensinam as línguas já formadas, mas não nos faz saber como elas se formam.

Suponhamos essa primeira dificuldade vencida. Atravessemos por um instante o imenso espaço que deve ter havido entre o puro estado de natureza e a necessidade das línguas e procuremos saber, supondo-as necessárias,[11] como elas puderam começar a se estabelecer. Nova dificuldade, pior ainda que a precedente, porque, se os homens necessitaram da palavra para aprender a pensar, necessitaram muito mais saber pensar para encontrar a arte da palavra; e se compreendêssemos de que modo os sons da voz foram adotados como intérpretes convencionais das nossas ideias, ainda assim faltaria saber quais podem ter sido os intérpretes mesmos dessa convenção para as ideias que, não tendo um objeto sensível, não podiam ser indicadas nem pelo gesto, nem pela voz, de sorte que mal podemos formar conjecturas sustentáveis sobre o nascimento dessa arte de comunicar seus pensamentos e estabelecer uma troca entre os espíritos. Arte sublime que já está tão longe da sua origem, mas que o filósofo ainda vê a tão prodigiosa distância da sua perfeição, que não há homem suficientemente ousado para assegurar que ela a alcançaria algum dia, mesmo que as revoluções que o tempo necessariamente traz fossem suspensas a seu favor, que os preconceitos saíssem das academias ou se calassem diante destas e pudessem se ocupar desse objeto espinhoso, por séculos inteiros sem interrupção.

A primeira linguagem do homem, a linguagem mais universal, mais enérgica e a única de que ele precisava, antes de ter de persuadir homens reunidos, foi o grito da natureza. Como esse grito só era arrancado por uma espécie de instinto nas ocasiões prementes, para implorar socorro diante dos grandes perigos ou diante do alívio nos males violentos, não era de grande uso no curso ordinário da vida, em que reinam sentimentos mais moderados. Quando as ideias dos homens começaram a se estender e a se multiplicar e quando se estabeleceu entre eles uma comunicação mais estreita, eles procuraram sinais mais numerosos e uma linguagem mais extensa: multiplicaram as inflexões da voz e a ela juntaram os gestos, que, por sua natureza, são mais expressivos, cujo sentido depende menos de uma determinação anterior. Eles exprimiam, portanto, os objetos visíveis e móveis mediante gestos, e os que atingem o ouvido mediante sons imitativos. Mas como o gesto não indica senão os objetos presentes ou fáceis de descrever e as ações visíveis; como ele não é de uso universal, já que a escuridão ou a interposição de um corpo o torna inútil e mais exige a atenção do que a suscita, tiveram a ideia de substituí-lo pelas articulações da voz, que, sem ter a mesma relação com certas ideias, são mais adequadas a representar todas elas, como sinais instituídos, uma substituição que só pôde ser feita de comum acordo e de uma maneira bastante difícil de praticar, por homens cujos órgãos grosseiros ainda não tinham nenhum exercício, e mais difícil ainda de conceber em si, já que esse acordo unânime deve ter sido motivado, e que a fala parece ter sido bastante necessária, para estabelecer o uso da fala.

Devemos julgar que as primeiras palavras de que os homens fizeram uso tiveram em seu espírito uma significação muito mais extensa do que as que empregamos nas línguas já formadas e que, ignorando a divisão do discurso em suas partes constitutivas, eles deram primeiro a cada palavra o sentido de uma proposição inteira. Quando começaram a distinguir o sujeito do atributo e o verbo do nome, o que não foi um pequeno esforço de gênio, os substantivos não foram de início senão nomes próprios, o presente do infinitivo foi o único tempo dos verbos e, no que concerne aos adjetivos, a noção deve ter se desenvolvido com muita dificuldade, porque todo adjetivo é uma palavra abstrata e porque as abstrações são operações penosas e pouco naturais.

Cada objeto recebeu primeiro um nome particular, sem levar em conta os gêneros e as espécies, que esses primeiros instituidores não estavam em condições de distinguir; e todos os indivíduos se apresentaram isolados ao seu espírito, como o são no panorama da natureza. Se um carvalho se chamava A, outro carvalho se chamava B, porque a primeira ideia que se tira das duas coisas é que elas não são a mesma; e com frequência é necessário muito tempo para observar o que elas têm em comum, de sorte que quanto mais limitados os conhecimentos, mais o dicionário se tornou extenso. O embaraço de toda essa nomenclatura não pôde ser superado facilmente, porque para inserir os seres sob denominações comuns e genéricas era preciso conhecer suas propriedades e suas diferenças, eram necessárias observações e definições, isto é, História Natural e Metafísica, o que é muito mais do que os homens desse tempo podiam ter.

Aliás, as ideias gerais só podem ser introduzidas no

A ORIGEM DA DESIGUALDADE ENTRE OS HOMENS

espírito por meio de palavras, e o entendimento somente as capta por meio de proposições. É uma das razões pelas quais os animais não seriam capazes de formar essas ideias, nem de adquirir nunca a perfectibilidade que delas depende. Quando um macaco vai sem hesitar de uma noz a outra, alguém acha que ele tem a ideia geral desse tipo de fruto e que compara seu arquétipo a esses dois indivíduos? Não, com certeza. Mas a vista de uma dessas nozes faz sua memória lembrar as sensações que ele recebeu da outra, e seus olhos modificados de uma certa maneira anunciam a seu paladar a modificação que ele vai receber. Toda ideia geral é puramente intelectual; por pouco que a imaginação se imiscua, a ideia logo se torna particular. Tente desenhar a imagem de uma árvore em geral, você nunca conseguirá; quer queira, quer não, você terá de vê-la pequena ou grande, rarefeita ou frondosa, clara ou escura, e se dependesse de você só enxergar o que se encontra em toda árvore, essa imagem não mais se pareceria com uma árvore. Os seres puramente abstratos também são vistos assim, ou só concebidos pelo discurso. Somente a definição do triângulo lhe proporciona a verdadeira ideia dele: quando você imagina um em seu espírito, é um certo triângulo e não outro, e você não pode evitar tornar suas linhas sensíveis ou seu plano, colorido. É preciso, portanto, enunciar proposições, é preciso, portanto, falar para ter ideias gerais, porque assim que a imaginação se detém, o espírito só funciona com ajuda do discurso. Se, portanto, os primeiros inventores só puderam dar nome às ideias que já tinham, segue-se que os primeiros substantivos nunca puderam ser mais do que nomes próprios.

Mas quando, por meios que não concebo, nossos novos gramáticos começaram a ampliar suas ideias e a generalizar suas palavras, a ignorância dos inventores deve ter sujeitado esse método a limites bastante estreitos; e como inicialmente eles haviam multiplicado em demasia os nomes dos indivíduos, por não conhecerem os gêneros e as espécies, fizeram em seguida pouquíssimas espécies e gêneros, por não terem considerado os seres em todas as suas diferenças. Para levar as divisões bem longe, foi preciso mais experiência e luz do que eles podiam ter e mais pesquisas e trabalho do que eles queriam dedicar. Ora, se mesmo hoje se descobrem cada dia novas espécies que haviam escapado até aqui de todas as nossas observações, imaginem quantas não devem ter passado despercebidas a homens que só julgavam as coisas com base na primeira impressão! Quanto às classes primitivas e às noções mais gerais, é supérfluo acrescentar que elas também devem ter lhes escapado. Como, por exemplo, teriam eles imaginado ou entendido palavras como "matéria", "espírito", "substância", "modo", "figura", "movimento", se nossos filósofos, que as utilizam de há muito, têm, eles próprios, tanta dificuldade para entendê-las e se eles não encontravam na natureza nenhum modelo das ideias ligadas a essas palavras, por serem puramente metafísicas?

Detenho-me nesses primeiros passos e suplico a meus juízes que interrompam aqui por um instante sua leitura, a fim de considerar — levando em conta o ocorrido com a invenção dos substantivos físicos, isto é, a parte da língua mais fácil de se inventar — o caminho que lhe resta fazer para exprimir todos os pensamentos dos homens, para adquirir uma forma constante, poder ser falada em público e influir sobre a sociedade; suplico a eles que reflitam sobre quanto foi preciso de tempo e de conhecimentos para inventar os números,[12] as palavras abstratas, os aoristos e todos os tempos verbais, as partículas, a sintaxe, ligar as proposições, os raciocínios, e formar toda a lógica do discurso. Quanto a mim, assombrado com as dificuldades que se multiplicam e convencido da impossibilidade quase demonstrada de que as línguas possam ter nascido e se estabelecido por meios puramente humanos, deixo para quem quiser a tarefa de empreender a discussão deste difícil problema: o que foi mais necessário, a sociedade já formada para a instituição das línguas, ou as línguas já inventadas para o estabelecimento da sociedade?

Sejam quais forem essas origens, pelo menos se vê, pelo pouco esforço que a natureza empregou para aproximar os homens por meio das necessidades mútuas e lhes facilitar o uso da palavra, quanto ela preparou pouco sua sociabilidade e com quão pouco ela contribuiu para tudo o que eles fizeram a fim de estabelecer os seus vínculos. Com efeito, não é possível imaginar por que nesse estado primitivo um homem precisaria de outro homem mais do que um macaco ou um lobo de seu semelhante, nem, supondo-se essa necessidade, que motivo poderia levar o outro a suprir essa necessidade nem tampouco, nesse último caso, como eles poderiam combinar entre si as condições. Sei que nos repetem sem cessar que nada foi tão miserável quanto o homem nesse estado; e, se for verdade, como creio ter provado, que só depois de muitos séculos ele pode ter tido o desejo e a oportunidade de dele sair, seria um processo a mover contra a natureza, e não contra aquele que ela teria assim constituído. Mas, se entendo corretamente o termo "miserável", é uma palavra que não tem nenhum sentido, ou que significa apenas uma privação dolorosa e o sofrimento do corpo ou da alma. Ora, eu gostaria que me explicassem qual pode ser o gênero de miséria de um ser livre, cujo coração está em paz e o corpo em saúde. Eu pergunto qual vida, a civil ou a natural, é mais sujeita a se tornar insuportável aos que dela desfrutam? Vemos à nossa volta quase somente gente que se queixa da sua existência; várias pessoas inclusive que se privam dela tanto quanto podem fazê-lo, e a reunião das leis divina e humana mal basta para conter essa desordem. Eu pergunto se algum dia se ouviu dizer que um selvagem em liberdade tenha sequer pensado em se queixar da vida e se dar à morte.

Julguem, portanto, com menos orgulho de que lado está a verdadeira miséria. Ao contrário, ninguém teria sido tão miserável quanto o homem selvagem ofuscado pelas luzes, atormentado por paixões e raciocinando sobre um estado diferente do seu. Foi por uma providência mui sábia que as faculdades que ele tinha em potencial só viessem a se desenvolver junto com as ocasiões de exercê-las, a fim de que não lhe fossem nem supérfluas e a seu encargo antes da hora, nem tardias e inúteis à necessidade. Ele tinha no instinto tudo de que precisava para viver no estado de natureza, ele só tem numa razão culta o que precisa para viver em sociedade.

Parece primeiro que os homens nesse estado, não tendo entre si nenhuma espécie de relação moral nem deveres conhecidos, não podiam ser nem bons nem maus, e não tinham nem vícios nem virtudes, a não ser que, tomando essas palavras num sentido físico, se chame de vícios no indivíduo as qualidades que podem prejudicar sua própria conservação, e de virtudes as que podem contribuir para ela. Nesse caso seria preciso chamar de mais virtuoso o que menos resistisse aos simples impulsos da natureza; mas, sem nos afastarmos do sentido ordinário, é adequado suspendermos o juízo que poderíamos emitir sobre tal situação e desconfiarmos de nossos preconceitos até que, com a balança da justiça na mão, tenhamos examinado se há mais virtudes do que vícios entre os homens civilizados ou se suas virtudes são mais vantajosas do que seus vícios são funestos, ou se o progresso dos seus conhecimentos é uma compensação suficiente dos males que eles se fazem mutuamente, à medida que vão se instruindo sobre o bem que deveriam se fazer, ou se não estariam, tudo devidamente pesado, numa situação mais feliz se não tivessem nenhum mal a temer nem bem a esperar de ninguém, do que sendo obrigados a se submeter a uma dependência universal e se obrigar a receber tudo dos que não se comprometem a nada lhes dar.

Não vamos concluir de forma alguma com Hobbes que, por não ter nenhuma ideia da bondade, o homem seja naturalmente mau, que ele é pervertido porque não conhece a virtude, que ele sempre recusa a seus semelhantes préstimos que não crê lhes dever, nem que, em virtude do direito que ele se atribui com razão sobre as coisas de que necessita, ele se crê loucamente o único proprietário de todo o Universo. Hobbes viu muito bem a falha de todas as definições modernas do direito natural, mas as consequências que ele tira da sua mostram que ele a toma num sentido que não é menos falso. Raciocinando sobre os princípios que estabelece, esse autor devia dizer que o estado de natureza, sendo aquele em que o cuidado com a nossa conservação é o menos prejudicial à de outrem, tal estado era por conseguinte o mais propício à paz e o mais conveniente ao gênero humano. Ele diz precisamente o contrário, por ter incluído inadequadamente no cuidado com a conservação do homem selvagem a necessidade de satisfazer uma multidão de paixões que são obra da sociedade e que tornaram as leis necessárias. O homem mau, diz ele, é uma criança robusta; resta saber se o homem selvagem é uma criança robusta. Ainda que lhe concedêssemos isso, o que ele concluiria? Que se, quando é robusto, esse homem é tão dependente dos outros do que quando é fraco, não há tipo de excessos aos quais ele não se inclinasse, que batesse em sua mãe quando ela demorasse a lhe dar o peito, que estrangulasse um de seus irmãozinhos quando se sentisse incomodado por ele, que mordesse a perna de outro se este esbarrasse nele ou o perturbasse. Mas ser robusto e ser dependente são duas suposições contraditórias no estado de natureza. O homem é fraco quando é dependente, e é emancipado antes de ser robusto. Hobbes não viu que a mesma causa que impede os selvagens de usarem sua razão, como pretendem nossos jurisconsultos, os impede ao mesmo tempo de abusar de suas faculdades, como ele próprio pretende, de sorte que poderíamos dizer que os selvagens não são malvados precisamente por não saberem o que é ser bom; porque não é nem o desenvolvimento das luzes nem o freio da lei, mas a calma das paixões e a ignorância do vício que os impedem de fazer mal: *tanto plus in illis proficit vitiorum ignoratio, quam in his cognito virtutis.** Aliás, há outro princípio que Hobbes não percebeu e que, tendo sido dado ao homem para atenuar, em certas circunstâncias, a ferocidade de seu amor-próprio ou o desejo de se conservar antes do surgimento desse amor,[13] tempera a paixão que ele tem por seu bem-estar com uma repugnância inata a ver seu semelhante sofrer. Não creio ter nenhuma contradição a temer se concedo ao homem a única virtude natural que a detratora mais radical das virtudes humanas tenha sido forçada a reconhecer. Estou falando da piedade, disposição conveniente a seres tão fracos e sujeitos a tantos males como nós somos; virtude tanto mais universal e tanto mais útil ao homem por preceder nele o uso de toda reflexão, e tão natural que os próprios bichos dão às vezes sinais sensíveis dela. Sem falar da ternura das mães por seus rebentos e dos perigos que elas enfrentam para protegê-los contra estes, observamos todos os dias a repugnância que têm os cavalos a pisar num corpo vivo. Um animal não passa sem inquietude perto de um animal da sua espécie morto. Há alguns que até dão a este uma espécie de sepultura. E os tristes mugidos do gado ao entrar num matadouro anunciam a impressão que ele recebe do horrível espetáculo que o choca. Vemos com prazer o autor da *Fábula das abelhas*,** forçado a reconhecer o homem como ser compassivo e sensível, sair, no exemplo que dá desse

---

* A ignorância do vício é tanto mais proveitosa a uma coisa, quanto o conhecimento da virtude à outra.

** Bernard Mandeville.

A ORIGEM DA DESIGUALDADE ENTRE OS HOMENS

fato, de seu estilo frio e sutil para nos oferecer a patética imagem de um homem encerrado que enxerga do lado de fora uma fera arrancando uma criança do seio da mãe, quebrando com seus dentes mortíferos os frágeis membros e dilacerando com as unhas as entranhas palpitantes dessa criança. Que pavorosa agitação sente essa testemunha de um acontecimento a que não a liga nenhum interesse pessoal? Que angústias ela não sofre ao ver aquilo, por não poder socorrer de nenhum modo a mãe desmaiada nem a criança que expira?

É esse o puro movimento da natureza, anterior a toda reflexão; é essa a força da piedade natural, que os costumes mais depravados ainda têm dificuldade de destruir, pois vemos todos os dias em nossos espetáculos se enternecer e chorar ante as desgraças de um infortunado aquele mesmo que, se estivesse no lugar do tirano, agravaria ainda mais os tormentos de seu inimigo. Tal como o sanguinário Sila, tão sensível aos males que não havia causado, ou como aquele Alexandre de Feras, que não ousava assistir à representação de nenhuma tragédia, com medo de que o vissem gemer com Andrômaca e Príamo, enquanto ouvia sem emoção os gritos de tantos cidadãos degolados todos os dias por ordem sua.

Molissima corde
Humano generi dare se Natura fatetur,
*Quae lacrymas dedit.**

Mandeville sentiu bem que, com toda a sua moral, os homens nunca teriam passado de monstros, se a natureza não lhes tivesse dado a piedade para apoiar a razão. Mas ele não viu que dessa qualidade decorrem todas as virtudes sociais que ele quer contestar aos homens. De

---

* Dando-lhe lágrimas, a natureza reconhece que deu ao gênero humano terníssimo coração.

fato, o que são a generosidade, a clemência, a humanidade, senão a piedade aplicada aos fracos, aos culpados ou à espécie humana em geral? As próprias benevolência e amizade são, se bem consideradas, produções de uma piedade constante, fixada num objeto particular, porque desejar que alguém não sofra que mais é senão desejar que seja feliz? Ainda que fosse verdade que a comiseração não passasse de um sentimento que nos coloca no lugar do que sofre, sentimento obscuro e vivo no homem selvagem, desenvolvido mas fraco no homem civilizado, que importaria essa ideia para a verdade do que digo, a não ser lhe dar mais força? De fato, a comiseração será tanto mais enérgica quanto mais o animal espectador se identificar mais intimamente com o animal sofredor. Ora, é evidente que essa identificação deve ter sido infinitamente mais estreita no estado de natureza do que no estado racional. É a razão que gera o amor-próprio e é a reflexão que o fortalece; é ela que faz o homem se voltar para si mesmo, é ela que o separa de tudo que o incomoda e o aflige; é a filosofia que o isola, é por ela que ele diz em segredo, à vista de um homem que sofre: pereça se quiser, eu estou em segurança. Só os perigos da sociedade inteira perturbam o sono tranquilo do filósofo e o tiram da cama. Pode-se impunemente degolar seu semelhante debaixo da sua janela: basta-lhe pôr as mãos nos ouvidos e argumentar um pouco consigo mesmo para impedir que a natureza que nele se revolta o faça identificar-se com aquele que é assassinado. O homem selvagem não tem esse admirável talento e, na falta de sabedoria e de razão, sempre o vemos se entregar irrefletidamente ao primeiro sentimento de humanidade. Nas revoltas, nas brigas de rua, o populacho se aglomera, o homem prudente se afasta: é a canalha, as mulheres do mercado que separam os contendores e que impedem que as pessoas de bem se trucidem.

É certo, portanto, que a piedade é um sentimento natural que, moderando em cada indivíduo a atividade do amor a si mesmo, concorre para a conservação mútua de toda a espécie. É ela que nos leva sem reflexão a socorrer os que vemos sofrer; é ela que, no estado de natureza, faz o papel de lei, de costumes e de virtude, com a vantagem de que ninguém se sente tentado a desobedecer à sua doce voz. É ela que demoverá todo selvagem robusto de tomar de uma criança frágil ou de um ancião doente sua subsistência adquirida com dificuldade, se ele mesmo espera poder lograr a sua alhures. É ela que, em lugar desta máxima sublime da justiça racional — *Faz aos outros o que queres que façam a ti mesmo* — inspira a todos os homens esta outra máxima de bondade natural bem menos perfeita, no entanto mais útil talvez que a precedente — *Faz teu bem com o menor mal possível aos outros*. Numa palavra, é nesse sentimento natural, muito mais do que em argumentos sutis, que devemos procurar a causa da repugnância que todo homem sente a fazer o mal, inclusive independentemente das máximas da educação. Embora possa caber a Sócrates e aos espíritos da sua têmpera adquirir virtude pela razão, faz tempo que o gênero humano não existiria mais se sua conservação tivesse dependido somente dos raciocínios daqueles que o compõem.

Com paixões tão pouco ativas e um freio tão salutar, os homens — mais ferozes do que malvados e mais atentos a se proteger do mal que podiam sofrer do que tentados a fazê-lo a outrem — não estavam sujeitos a desavenças muito perigosas. Como não tinham entre si nenhuma espécie de intercâmbio, e não conheciam por conseguinte nem a vaidade nem a consideração, nem a estima nem o desprezo; como não tinham a menor noção do seu e do meu e nenhuma ideia verdadeira de justiça; como viam as violências que podiam sofrer como um mal fácil de reparar, e não como uma injúria que tem de ser punida, e como nem sequer pensavam na vingança, a não ser maquinalmente e na hora, tal qual o cachorro que morde a pedra que jogam nele; suas desavenças raramente tinham desenlaces sangrentos, se não tivessem uma causa mais sensível que o alimento. Vejo, porém, uma mais perigosa, de que me resta falar.

Entre as paixões que agitam o coração do homem, há uma ardente, impetuosa, que torna um sexo necessário ao outro, paixão terrível que faz face a todos os perigos, derruba todos os obstáculos e que, em seus furores, parece própria a destruir o gênero humano, que ela é destinada a conservar. Que será dos homens, presa dessa fúria desenfreada e brutal, sem pudor, sem compostura, disputando cada dia seus amores ao preço de seu sangue?

Há de se convir primeiramente que quanto mais as paixões são violentas mais as leis são necessárias para contê-las; mas à parte o fato de que as desordens e os crimes que estas causam todos os dias entre nós mostram claramente a insuficiência das leis a esse respeito, seria bom também examinar se essas desordens não nasceram com as próprias leis, porque então, mesmo que estas fossem capazes de reprimi-las, o mínimo que se deveria exigir delas seria que contivessem um mal que não existiria sem elas.

Comecemos por distinguir o moral do físico no sentimento do amor. O físico é esse desejo geral que leva um sexo a se unir ao outro; o moral é o que determina esse desejo e o fixa num só objeto exclusivamente, ou que pelo menos lhe proporciona, por esse objeto preferido, um maior grau de energia. Ora, é fácil ver que o moral do amor é um sentimento factício, nascido do uso da sociedade e celebrado pelas mulheres com muita habilidade e cuidado para estabelecer seu domínio e tornar dominante o sexo que deveria obedecer. Fundado em certas noções do mérito ou da beleza que um selvagem não está em condições de ter, esse sentimento deve ser quase nulo para ele; porque, assim como seu espírito não pode formar ideias abstratas de regularidade e de proporção, também seu coração não é capaz dos sentimentos de admiração e de amor, que mesmo sem que se perceba nascem da aplicação dessas ideias: ele ouve unicamente a disposição que recebeu da natureza, e não o desgosto que não pôde adquirir, e toda mulher serve para ele.

Limitados somente ao aspecto físico do amor e bastante felizes por ignorar essas preferências que aguçam o sentimento amoroso e aumentam suas dificuldades, os homens devem sentir com menos frequência e menos vivamente os ardores do temperamento e, por conseguinte, ter entre eles desavenças mais raras e menos cruéis. A imaginação, que produz tantos estragos entre nós, não fala a corações selvagens; todos aguardam calmamente o impulso da natureza, entregam-se a ele sem escolha, com mais prazer do que furor, e, satisfeita a necessidade, todo desejo se extingue.

É, portanto, uma coisa incontestável que o amor mesmo, assim como todas as outras paixões, só adquiriu na sociedade esse ardor impetuoso que o torna com tanta frequência funesto aos homens, e é ridículo representar os selvagens se trucidando sem cessar para saciar sua brutalidade, porque essa opinião é diretamente contrária à experiência e porque os caraíbas, que é de todos os povos existentes o que até agora menos se distanciou do estado de natureza, são precisamente os mais pacíficos em seus amores e menos sujeitos ao ciúme, embora vivam num clima ardente que parece sempre dar a essas paixões uma maior atividade.

No que concerne às induções que se poderia fazer em várias espécies de animais, os combates de machos que ensanguentam desde sempre nossas criações ou que fazem ecoar na primavera em nossas florestas seus gritos ao disputar uma fêmea, devemos começar por excluir todas as espécies em que a natureza estabeleceu manifestamente, no poder relativo dos sexos, relações diferentes das nossas. Assim, as brigas de galo não formam uma indução para a espécie humana. Nas espécies em que a proporção é mais bem observada, esses combates têm por causa a raridade das mulheres relativamente à quantidade de machos, ou os intervalos exclusivos durante os quais a fêmea recusa constantemente a aproximação do macho, o que remete à primeira causa. Porque, se cada fêmea só suporta o macho dois meses por ano, é como se a quantidade de fêmeas fosse menor do que cinco sextos, sob esse aspecto. Ora, nenhum desses dois casos é aplicável à espécie humana, em que o número de fêmeas ultrapassa geralmente o de machos e em que nunca se observou que mesmo entre os selvagens as fêmeas tenham, como as das outras espécies, tempos de calor e de exclusão. Além do mais, entre vários desses animais, como toda espécie entra ao mesmo tempo em efervescência, ocorre um momento terrível de ardor comum, de tumulto, de desordem e de combate, momento que não ocorre na espécie humana, em que o amor nunca é periódico. Não se pode, portanto, concluir dos combates entre certos animais para a posse das fêmeas que a mesma coisa aconteceria com o homem no estado de natureza. E mesmo que se pudesse tirar essa conclusão, como essas dissensões não destroem as outras espécies, deve-se pelo menos pensar que elas não seriam mais funestas à nossa, e é bem nítido que elas causariam nesse estado ainda menos estragos do que causam na sociedade, principalmente nos países em que os costumes, ainda tendo alguma importância, o ciúme dos amantes e a vingança dos esposos provocam todo dia duelos, assassinatos, e coisas piores; em que o dever de uma eterna fidelidade só serve para causar adultérios, e em que as próprias leis da continência e da honra ampliam necessariamente a depravação e multiplicam os abortos.

Concluamos que, errando pelas florestas sem uma atividade produtiva, sem linguagem, sem domicílio, sem guerra e sem vínculo, sem nenhuma necessidade de seus

A ORIGEM DA DESIGUALDADE ENTRE OS HOMENS 67

semelhantes, como sem nenhum desejo de os prejudicar, talvez até sem nunca encontrar um deles individualmente, o homem selvagem, sujeito a poucas paixões e bastando a si mesmo, tinha apenas os sentimentos e as luzes próprias desse estado, sentia somente suas verdadeiras necessidades, só olhava para o que acreditava ter interesse de ver e sua inteligência não fazia mais progressos do que sua vaidade. Se por acaso fazia alguma descoberta, não sabia a quem comunicá-la, tal como não sabia quem eram seus filhos. A arte perecia com o inventor. Não havia nem educação nem progresso, as gerações se multiplicavam inutilmente e, como cada um partia sempre do mesmo ponto, os séculos transcorriam em toda a grosseria das primeiras eras, a espécie já velha, e o homem permanecia sempre criança.

Se me estendi tanto sobre a suposição dessa condição primitiva é que, tendo erros antigos e preconceitos inveterados a destruir, achei que devia cavar até a raiz e mostrar no panorama do verdadeiro estado de natureza quanto a desigualdade, ainda que natural, está longe de ter nesse estado tanta realidade e influência quanto pretendem nossos escritores.

De fato, é fácil ver que, entre as diferenças que distinguem os homens, várias são dadas como naturais mas não passam de uma obra do costume e dos diversos gêneros de vida que os homens adotam na sociedade. Assim, uma compleição robusta ou delicada, a força ou a fraqueza que dela dependem provêm muitas vezes mais da maneira dura ou afeminada como se foi criado do que da constituição primitiva dos corpos. O mesmo vale para as forças do espírito, e não só a educação faz a diferença entre os espíritos cultivados e os que não o são, como aumenta a que se encontra entre os primeiros à proporção da cultura, porque, se um gigante e um anão andam na mesma estrada, cada passo que eles darão proporcionará nova vantagem para o gigante. Ora, se compararmos a prodigiosa diversidade de educações e de gêneros de vida reinantes nas diferentes ordens do estado civil com a simplicidade e a uniformidade da vida animal e selvagem, em que todos se nutrem com os mesmos alimentos, vivem da mesma maneira e fazem exatamente as mesmas coisas, compreenderemos quanto a diferença entre um homem e outro deve ser menor no estado de natureza do que no de sociedade, e quanto a desigualdade natural deve aumentar na espécie humana pela desigualdade de instituição.

No entanto, mesmo que a natureza afetasse na distribuição de seus dons tantas preferências quanto se pretende que ela tenha, que vantagem os mais favorecidos extrairiam, em detrimento dos outros, num estado de coisas que quase não admitisse nenhuma espécie de relação entre eles? Onde não há amor, de que serviria a beleza? De que serve o espírito à gente que não fala, e a astúcia aos que não têm afazeres? Sempre ouço repetir que os mais fortes oprimirão os fracos; mas expliquem-me então o que se quer dizer com a palavra "opressão". Uns dominarão com violência, outros gemerão submetidos a todos os caprichos dos primeiros: é precisamente o que se observa entre nós, mas não vejo como isso poderia ser dito dos homens selvagens, aos quais teríamos muita dificuldade de fazer entender o que é servidão e dominação. Um homem poderá se apossar dos frutos que outro colheu, da presa que este matou, do antro que lhe servia de asilo; mas como conseguiria isso sem se fazer obedecer e quais poderão ser as correntes da dependência entre homens que não possuem nada? Se me expulsam de uma árvore, eu resolveria o assunto mudando para outra. Se me atormentarem num lugar, o que me impedirá de ir para outro? Existe um homem com uma força muito superior à minha e, além disso, depravado, preguiçoso e feroz o bastante para me forçar a garantir sua subsistência enquanto ele permanece ocioso? Ele tem que se decidir a não me perder de vista um só instante, a me manter amarrado com o maior cuidado durante o seu sono, com medo de que eu escapula ou o mate; ou seja, ele é obrigado a se expor voluntariamente a um trabalho muito maior do que o que ele quer evitar e do que ele dá a mim. Depois disso tudo, sua vigilância afrouxa um momento? Um barulho imprevisto o faz virar a cabeça? Eu dou vinte passos na floresta, meus grilhões se rompem e ele nunca mais na vida torna a me ver.

Sem prolongar muito esses detalhes, todos veem que, sendo os vínculos da servidão formados da dependência mútua dos homens e das necessidades recíprocas que os unem, é impossível subjugar um homem sem o ter posto antes na situação de não poder prescindir de outrem; situação que, não existindo no estado de natureza, deixa todos e cada um livres do jugo e torna vã a lei do mais forte.

Depois de ter provado que a desigualdade mal é sensível no estado de natureza e que sua influência é quase nula nele, resta-me mostrar sua origem e seus progressos nos desenvolvimentos sucessivos do espírito humano. Depois de mostrar que a *perfectibilidade*, as virtudes sociais e as outras faculdades que o homem natural havia recebido em potencial não podiam jamais se desenvolver por si mesmas, que elas necessitavam para tanto do concurso fortuito de várias causas externas que podiam não surgir jamais e sem as quais ele teria permanecido eternamente em sua constituição primitiva, resta-me considerar e relacionar os diferentes acasos que podem ter aperfeiçoado a razão humana deteriorando a espécie, tornado um ser malvado tornando-o sociável e, de uma época tão remota, trazer enfim o homem e o mundo ao ponto em que os vemos.

Confesso que tendo os acontecimentos que devo descrever podido ocorrer de várias maneiras, só posso me determinar a escolhê-los por meio de conjecturas; mas, além de essas conjecturas se tornarem razões, quando são as mais prováveis que possamos extrair da natureza das coisas e os únicos meios que possamos ter para descobrir a verdade, as consequências que desejo deduzir das minhas nem por isso serão conjecturais, já que com base nos princípios que acabo de estabelecer não seria possível formar nenhum outro sistema que não me fornecesse os mesmos resultados e de que eu não pudesse tirar as mesmas conclusões.

Isso me dispensará de estender minhas reflexões sobre a maneira como o lapso de tempo compensa a pouca verossimilhança dos acontecimentos; sobre o surpreendente poder de causas triviais quando estas agem sem cessar; sobre a impossibilidade em que nos vemos, por um lado, de destruir certas hipóteses se, por outro, nos encontramos incapacitados de lhes proporcionar o grau de certeza dos fatos; sobre que, sendo dados como reais dois fatos a serem ligados por uma série de fatos intermediários, desconhecidos ou assim considerados, cabe à história, quando a temos, fornecer os fatos que os ligam e à filosofia, na falta dela, determinar os fatos semelhantes capazes de ligá-los; enfim, sobre que, em matéria de acontecimentos, a similitude reduz os fatos a um número muito menor de classes diferentes do que se imagina. Basta-me oferecer esses objetos à consideração dos meus juízes; basta-me ter feito de sorte a evitar aos leitores comuns a necessidade de considerá-los.

SEGUNDA PARTE

O primeiro que, tendo cercado um terreno, pensou em dizer *isto é meu*, e encontrou gente simples o bastante para acreditar nele, foi o verdadeiro fundador da sociedade civil. Quantos crimes, guerras, assassinatos, quantas misérias e horrores não teria poupado ao gênero humano aquele que, arrancando os mourões ou tapando o fosso, houvesse gritado: não escutem este impostor; vocês estarão perdidos se esquecerem que os frutos são de todos e que a terra não é de ninguém! Mas é bem possível que então as coisas já houvessem chegado ao ponto de não poder mais continuar como eram, porque essa ideia de propriedade, dependendo muito de ideias anteriores que só puderam nascer sucessivamente, não se formou de golpe no espírito humano: foi necessário muito progresso, adquirir muita indústria e muitas luzes, transmiti-las e aumentá-las de época em época, antes de chegar a este derradeiro termo do estado de natureza. Retomemos, portanto, as coisas de mais alto e procuremos reunir num só ponto de vista essa lenta sucessão de acontecimentos e de conhecimentos em sua ordem mais natural.

O primeiro sentimento do homem foi o da sua existência, seu primeiro cuidado, o da sua conservação. Os produtos da terra lhe forneciam todos os socorros necessários, o instinto o levou a fazer uso deles. Tendo a fome e outros apetites o levado a experimentar, uma de cada vez, diversas maneiras de existir, houve uma que o convidou a perpetuar sua espécie, e esse pendor cego, desprovido de todo e qualquer sentimento do coração, produzia um ato puramente animal. Satisfeita a necessidade, os dois sexos não se reconheciam mais, e o próprio filho não era mais nada para a mãe assim que pudesse prescindir dela.

Essa foi a condição do homem nascente; essa foi a vida de um animal limitado, de início, às puras sensações e que mal tirava proveito dos dons que a natureza lhe oferecia, longe de pensar em arrancar desta o que quer que fosse. Mas logo se apresentaram dificuldades. Ele teve de aprender a vencê-las: a altura das árvores que o impedia de alcançar seus frutos; a concorrência dos animais que procuravam se alimentar deles; a ferocidade dos que punham em risco sua vida, tudo isso o obrigou a se dedicar aos exercícios do corpo; foi preciso se tornar ágil, rápido na corrida, vigoroso no combate. As armas naturais, que são os galhos de árvore e as pedras logo se viram nas suas mãos. Ele aprendeu a superar os obstáculos da natureza, a combater se preciso os outros animais, a disputar sua subsistência com os próprios homens ou a se ressarcir do que tinha de ceder ao mais forte.

À medida que o gênero humano se estendeu, as agruras se multiplicaram com os homens. A diferença dos terrenos, dos climas, das estações pôde forçá-los a introduzir alterações em sua maneira de viver. Anos estéreis, invernos prolongados e rudes, verões quentíssimos que consomem tudo exigiram deles novo engenho. Ao longo do mar e dos rios eles inventaram a linha e o anzol e se tornaram pescadores e ictiófagos. Nas florestas fizeram arcos e flechas e se tornaram caçadores e guerreiros. Nas regiões frias eles se cobriram com peles dos animais que mataram. Um raio, um vulcão ou algum acaso feliz levou-os a conhecer o fogo, nova fonte contra o rigor do inverno, e eles aprenderam a conservar esse elemento, depois a reproduzi-lo e, por fim, preparar nele as carnes que antes devoravam cruas.

A ORIGEM DA DESIGUALDADE ENTRE OS HOMENS 73

Essa reiterada comparação de diversos seres consigo mesmo, e de uns com outros, deve ter engendrado naturalmente no espírito do homem a percepção de certas relações. Essas relações, que exprimimos pelas palavras "grande", "pequeno", "forte", "fraco", "rápido", "lento", "medroso", "ousado", e outras ideias semelhantes, comparadas por necessidade e quase sem pensar produziram enfim alguma espécie de reflexão, ou antes, uma prudência maquinal que lhe indicava as precauções mais necessárias à sua segurança.

As novas luzes que resultaram desse desenvolvimento aumentaram sua superioridade sobre os outros animais, fazendo com que o homem a percebesse. Ele aprendeu a fazer armadilhas, enganou-os de mil maneiras e embora muitos o superassem em força no combate ou em velocidade na corrida, ele se tornou com o tempo senhor dos que podiam lhe servir e flagelo dos que podiam prejudicá-lo. Assim, o primeiro olhar que ele lançou sobre si mesmo nele produziu o primeiro movimento de orgulho. Assim, mal sabendo ainda distinguir os diversos escalões e colocando-se no topo dos animais por sua espécie, ele se preparava para aspirar a isso individualmente.

Se bem que seus semelhantes não fossem para ele o que são para nós e que não tivesse com ele mais relacionamento do que com os outros animais, eles não foram esquecidos em suas observações. As conformidades que o tempo pôde fazê-lo perceber entre eles, sua fêmea e ele mesmo, o levaram a avaliar as que ele não percebia e, vendo que todos se comportavam como ele em circunstâncias idênticas, concluiu que a maneira de pensar e de sentir que eles tinham era inteiramente conforme à sua, e essa importante verdade, bem firmada em seu espírito, o fez seguir, por um pressentimento tão seguro e mais pronto que a dialética, as melhores regras de conduta que por sua vantagem e sua segurança lhe conviesse observar com eles.

Instruído pela experiência de que o amor ao bem-estar é o único móvel das ações humanas, ele se viu em condição de distinguir as raras ocasiões em que o interesse comum devia fazê-lo contar com a assistência de seus semelhantes e as mais raras ainda em que a concorrência devia fazê-lo desconfiar deles. No primeiro caso, unia-se a eles em manada, ou no máximo por alguma forma de livre associação que não empenhava ninguém e que durava apenas tanto quanto a necessidade passageira que a tinha formado. No segundo caso, cada qual procurava tirar suas vantagens, seja à força, se acreditava assim poder, seja pela habilidade ou pela sutileza, se se sentia mais fraco.

Foi assim que os homens puderam, insensivelmente, adquirir uma ideia grosseira dos compromissos mútuos e da vantagem de respeitá-los, mas somente tanto quanto podia exigir o interesse presente e sensível, porque a previdência não era nada para eles: longe de se ocuparem de um futuro distante, eles não pensavam nem sequer no amanhã. Se se tratasse de pegar um cervo, cada um sentia que devia, para isso, ficar fielmente na sua posição; mas se uma lebre passava ao alcance de um deles, não duvidem que ele a perseguiria sem o menor escrúpulo e que, tendo pegado sua presa, não lhe preocupava nem um pouco que seus companheiros ficassem sem nenhuma.

É fácil entender que uma relação assim não exigia uma linguagem muito mais refinada do que a das gralhas ou a dos macacos, que se agrupam mais ou menos da mesma maneira. Gritos inarticulados, muitos gestos e alguns barulhos imitativos devem ter composto por muito tempo a linguagem universal, da qual, somando em cada região alguns sons articulados e convencionais, cuja instituição, como eu já disse, não é muito fácil explicar, surgiram línguas particulares mas grosseiras, imperfeitas e mais ou menos como as que ainda hoje têm as diversas nações selvagens. Percorro como uma flecha multidões de séculos, forçado pelo tempo que corre, pela abundância das coisas que tenho a dizer e pelo progresso quase insensível dos começos, porque, quanto mais os acontecimentos demoravam a se suceder, mais rápido é descrevê-los.

Esses primeiros progressos puseram enfim o homem em condição de realizar outros mais rápidos. Quanto mais o espírito se esclarecia, mais a atividade produtiva se aperfeiçoava. Em pouco tempo, deixando de dormir debaixo da primeira árvore ou de se abrigar em cavernas, ele descobriu alguns tipos de machado de pedra dura e cortante que serviram para cortar a madeira, cavar a terra e fazer cabanas de ramagens, que depois pensaram em cobrir com argila e barro. Foi a época de uma primeira revolução que trouxe o estabelecimento e a diferenciação das famílias e que introduziu uma espécie de propriedade, de que talvez já tenham nascido querelas e combates. No entanto, como os mais fortes foram provavelmente os primeiros a construir habitações que se sentiam capazes de defender, é de se crer que os fracos tenham achado mais direto e seguro imitá-los do que tentar desalojá-los. Quanto aos que já tinham cabanas, não devem ter procurado muito se apropriar da cabana do vizinho, menos porque ela pertencesse a este do que por lhe ser inútil e por não poder se apossar dela sem se expor a um vivo combate com a família que o ocupava.

Os primeiros desenvolvimentos do coração foram efeito de uma nova situação, que reunia numa moradia comum os maridos e as mulheres, os pais e os filhos. O costume de viver juntos fez nascer os mais doces sentimentos conhecidos pelos homens: o amor conjugal e o amor paterno. Cada família se tornou uma pequena sociedade, tanto mais unida por ser o apego recíproco e a liberdade seus únicos vínculos; foi então que se estabeleceu a primeira diferença na maneira de viver dos dois sexos, que até então só haviam tido uma. As mulheres se tornaram mais sedentárias e se acostumaram a tomar conta da cabana e das crianças, enquanto o homem ia buscar a subsistência comum. Os dois sexos começaram também, graças a uma vida um pouco mais amena, a perder algo da sua ferocidade e do seu vigor; porém, se cada um separadamente se tornou menos propenso a combater os animais selvagens, em compensação foi mais fácil se juntar para resistir a eles em comum.

Nesse novo estado, com uma vida simples e solitária, necessidades muito limitadas e os instrumentos que haviam inventado para prover a ela, os homens desfrutavam de um grande lazer, que empregaram para se dar vários tipos de comodidades desconhecidas por seus pais. Foi esse o primeiro jugo que eles se impuseram sem pensar e a primeira fonte de males que prepararam para seus descendentes, porque, além de continuarem com isso a enlanguescer o corpo e o espírito, tendo essas comodidades perdido, pelo hábito, quase todo o seu encanto e tendo ao mesmo tempo degenerado em verdadeiras necessidades, a privação delas se tornou muito mais cruel do que era doce a sua posse, e eles eram infelizes por perdê-las sem serem felizes por possuí-las.

Entrevê-se um pouco melhor aqui como o uso da palavra se estabelece ou se aperfeiçoa insensivelmente no seio de cada família, e pode-se conjecturar ainda como diversas causas particulares puderam ampliar a linguagem e acelerar seu progresso, tornando-a mais necessária. Grandes inundações ou terremotos cercaram de água ou de precipícios regiões habitadas; revoluções do globo terrestre separaram e cortaram em ilhas porções do continente. Concebe-se que um idioma comum deve ter se formado entre os homens assim aproximados e forçados a viver juntos, muito mais que entre os que erravam livremente nas florestas da terra firme. Assim, é bem possível que depois de suas primeiras tentativas de navegação, homens insulares tenham trazido a nós o uso da palavra, e é no mínimo bem verossímil que a sociedade e as línguas tenham nascido nas ilhas e aí se aperfeiçoado, antes de serem conhecidas no continente.

Tudo começa a mudar de figura. Os homens errantes, até então nas florestas, tendo se tornado mais sedentários, se aproximam lentamente, se reúnem em diversos grupos, e por fim formam em cada região uma nação particular, unida por costumes e caracteres, não por regulamentos e leis, mas pelo mesmo gênero de vida e de alimentos e pela influência comum do clima. Uma vizinhança permanente não pode deixar de engendrar enfim alguma ligação entre diversas famílias. Jovens de diferentes sexos habitam cabanas vizinhas, o contato passageiro que a natureza requer logo traz outro não menos doce e mais permanente pela frequentação mútua. Os homens se acostumam a considerar diferentes objetos e a fazer comparações; adquirem insensivelmente ideias de mérito e de beleza que produzem sentimentos de preferência. À força de se verem, eles não podem mais prescindir de continuar se vendo. Um sentimento terno e doce se insinua na alma e se torna, com qualquer oposição, por menor que seja, um furor impetuoso; o ciúme desperta com o amor, a discórdia triunfa e a mais doce das paixões recebe sacrifícios de sangue humano.

À medida que as ideias e os sentimentos se sucedem, que o espírito e o coração se exercitam, o gênero humano continua a se domesticar, as ligações se ampliam e os vínculos se estreitam. A gente se acostuma a se reunir diante das cabanas ou em volta de uma grande árvore: o canto e a dança, verdadeiros filhos do amor e do lazer, se tornaram a distração, ou antes, a ocupação dos homens e das mulheres ociosos reunidos em grupo. Cada um começou a olhar para os outros e a querer ser olhado, e a estima pública teve seu valor. Quem cantava ou dançava melhor; o mais bonito, o mais forte, o mais destro ou o mais eloquente se tornou o mais considerado, e foi esse, ao mesmo tempo, o primeiro passo rumo à desigualdade e ao vício: dessas primeiras preferências nasceram, de um lado, a vaidade e o desprezo, de outro, a vergonha e a inveja; e a fermentação causada por esses novos levedos produziu enfim compostos funestos para a felicidade e a inocência.

Assim que os homens começaram a se apreciar mutuamente e que a ideia da consideração se formou em seu espírito, todos pretenderam ter direito a ela; e não foi mais possível faltar impunemente com ela para com ninguém. Daí saíram os primeiros deveres da civilização, inclusive entre os selvagens, e daí todo dano voluntário se tornou um ultraje, porque com o mal que resultava da injúria, o ofendido via nele o desprezo por sua pessoa, muitas vezes mais insuportável que o próprio mal. Assim, com cada um punindo o desprezo que lhe haviam demonstrado de uma maneira proporcional ao apreço que tinha por si mesmo, as vinganças ficaram terríveis, e os homens, sanguinários e cruéis. Eis precisamente o grau que haviam alcançado a maioria dos povos selvagens que nos são conhecidos; e é por falta de ter distinguido suficientemente as ideias e percebido quanto esses povos já estavam longe do primeiro estado de natureza que muitos se apressaram em concluir que o homem é naturalmente cruel e que necessita de regras para abrandá-lo, ao passo que nada é tão doce quanto ele em seu estado primitivo, quando posto pela natureza a distâncias iguais da estupidez dos brutos e das luzes funestas do homem civilizado; e, igualmente limitado pelo instinto e pela razão a se garantir contra o mal que o ameaça, ele é impedido pela piedade natural de fazer mal a alguém, sem ser movido por nada, inclusive depois de tê-lo sofrido. Porque, conforme o axioma do sábio Locke, *não poderia haver injúria onde não há propriedade.*

Mas cumpre observar que a sociedade já começada e as relações entre os homens já estabelecidas exigiam deles qualidades diferentes das que tinham em sua constituição primitiva; que a moralidade começando a se introduzir nas ações humanas e cada qual sendo antes das leis o único juiz e vingador das ofensas que havia sofrido, a bondade conveniente ao puro estado de natureza não era mais a que convinha à sociedade nascente; que era preciso que as punições se tornassem mais severas à medida que as ocasiões de ofender se tornavam mais frequentes e que cabia ao terror das vinganças fazer as vezes de freio das leis. Assim, muito embora os homens tivessem se tornado menos resistentes e a piedade natural já houvesse sofrido alguma alteração, esse período do desenvolvimento das faculdades humanas, situando-se num justo meio entre a indolência do estado primitivo e a petulante atividade de nosso amor-próprio, deve ter sido a época mais feliz e mais duradoura. Quanto mais reflito sobre isso, mais acho que esse estado era o menos sujeito às revoluções, o melhor para o homem[1] e do qual ele só deve ter saído por algum funesto acaso que jamais deveria ter acontecido para a utilidade comum. O exemplo dos selvagens, encontrados quase todos nesse ponto, parece confirmar que o gênero humano era feito para nele permanecer sempre, que esse estado era a verdadeira juventude do mundo e que cada um dos progressos ulteriores foi, aparentemente, um passo rumo à perfeição do indivíduo, mas, na verdade, um passo rumo à decrepitude da espécie.

Enquanto os homens se contentaram com suas cabanas rústicas, enquanto se limitaram a costurar suas roupas de pele com espinhos ou espinhas, a se enfeitar com penas e conchas, a pintar o corpo de diversas cores, a aperfeiçoar ou embelezar seus arcos e suas flechas, a talhar com pedras cortantes algumas canoas de pescador ou alguns grosseiros instrumentos de música — numa palavra, enquanto se dedicaram apenas a obras que um só podia realizar e a artes que não necessitavam do concurso de várias mãos, eles viveram livres, saudáveis, bons e felizes tanto quanto podiam ser por sua natureza, e continuaram a desfrutar entre si das doçuras de uma relação independente; mas a partir do momento em que um homem necessitou do auxílio de outro, em que percebeu que era útil para um só ter provisões para dois, a igualdade desapareceu, a propriedade se introduziu, o trabalho se tornou necessário e as vastas florestas se transformaram em campos sorridentes que era preciso regar com o suor dos homens e nos quais logo se viu a escravidão e a miséria germinar e crescer com as colheitas.

A metalurgia e a agricultura foram as duas artes cuja invenção produziu essa grande revolução. Para o poeta, foram o ouro e a prata, mas para o filósofo foram o ferro e o trigo que civilizaram os homens e levaram à perdição o gênero humano. Assim, ambos eram desconhecidos pelos selvagens da América, que por isso sempre permaneceram tais; os outros povos parecem ter continuado bárbaros enquanto praticaram uma dessas artes sem a outra, e talvez uma das melhores razões pelas quais a Europa foi, se não mais cedo, pelo menos mais constantemente e melhor civilizada do que as outras partes do mundo, é que ela é ao mesmo tempo a mais abundante em ferro e a mais fértil em trigo.

É muito difícil conjecturar como os homens chegaram a conhecer e a empregar o ferro, porque não é crível que eles tenham imaginado por si mesmos extrair a matéria da mina e lhe aplicar os preparos necessários para pô-la em fusão antes de saber o que resultaria disso. Por outro lado, podemos atribuir ainda menos essa descoberta a um incêndio acidental, pois as minas se formam apenas em locais áridos e desprovidos de árvores e de plantas, de sorte que até parece que a natureza tinha tomado precauções para nos esconder esse segredo fatal. Resta, portanto, somente a circunstância extraordinária de algum vulcão que, vomitando matérias metálicas em fusão, tenha dado aos observadores a ideia de imitar essa operação da natureza. Mesmo assim há que se supor muita coragem e previdência para empreender um trabalho tão penoso e antecipar com tanta antecedência as vantagens que podiam tirar dela, o que convém apenas a espíritos já mais exercitados do que estes deviam ser.

Quanto à agricultura, seu princípio foi conhecido muito tempo antes que a sua prática fosse estabelecida, e não é possível que os homens, incessantemente ocupados em tirar sua subsistência das árvores e das plantas, não tivessem tido bem cedo ideia dos caminhos que a natureza emprega para a geração dos vegetais, mas sua atividade provavelmente só se voltou para esse lado bem tarde, seja porque as árvores, que com a caça e a pesca forneciam sua alimentação, não necessitavam dos seus cuidados, seja por não conhecerem o uso do trigo, seja por falta de instrumentos para cultivá-lo, seja por falta de previdência para a necessidade futura, seja enfim por falta de meios para impedir os outros de se apropriarem do fruto do seu trabalho. Tornando-se mais industriosos, pode-se crer que com pedras agudas e paus pontiagudos eles começaram por cultivar legumes ou raízes ao redor das suas cabanas, muito antes de saber preparar o trigo e de ter os instrumentos necessários para o cultivo em grande escala, sem contar que, para se entregar a essa ocupação e semear terras é preciso se decidir a perder primeiro alguma coisa para ganhar muito em seguida, precaução bastante distante da mentalidade do homem de então, que, como já disse, tinha grande dificuldade de pensar de manhã sobre as suas necessidades da noite.

A invenção das outras artes foi, portanto, necessária para forçar o gênero humano a se dedicar à da agricultura. Desde que foram necessários homens para fundir e forjar o ferro, foram necessários outros homens para alimentar aqueles. Quanto mais se multiplicava o número de operários, menos houve braços empregados no fornecimento da subsistência comum, sem que houvesse menos bocas para consumi-la; e como aqueles precisaram de gêneros alimentícios em troca do ferro, estes encontraram enfim o segredo de empregar o ferro na multiplicação desses gêneros. Daí nasceram, de um lado, a lavoura e a agricultura e, de outro, a arte de trabalhar os metais e multiplicar seus usos.

Ao cultivo das terras seguiu-se necessariamente sua divisão e, uma vez reconhecida a propriedade, as primeiras regras de justiça, porque para dar a cada um o que é seu foi preciso que cada um pudesse ter alguma coisa. Além disso, como os homens começaram a olhar para o futuro e a ver que tinham alguns bens a perder, não havia um só que não temesse sofrer a represália aos danos que podia causar a outros. Essa origem é natural, tanto mais por ser impossível conceber a ideia de a propriedade nascer de outra coisa que não a mão de obra, pois não vejo como o homem pode se apropriar de coisas que não fez, senão pelo seu trabalho. É o trabalho, e somente ele, que, dando ao cultivador direito sobre o produto da terra que ele trabalhou, lhe dá por conseguinte direito sobre o solo, pelo menos até a colheita, e assim de ano em ano, o que, tornando uma posse contínua, se transforma facilmente em propriedade. Quando os antigos, diz Grotius, deram a Ceres o epíteto de legisladora, e a uma festa celebrada em sua homenagem o nome de Tesmoforias,* deram a entender com isso que a divisão das terras produziu um novo tipo de direito, isto é, o direito de propriedade, diferente do que resulta da lei natural.

As coisas nesse estado poderiam ter permanecido iguais se os talentos tivessem sido iguais e se, por exemplo, o emprego do ferro e o consumo dos gêneros alimentícios tivessem sido sempre equilibrados; mas a proporção, que não era mantida por nada, logo foi rompida: o mais forte trabalhava mais, o mais hábil tirava melhor proveito do seu trabalho, o mais engenhoso encontrava meios de abreviar o trabalho; o lavrador tinha mais necessidade de ferro ou o ferreiro mais necessidade de trigo, e trabalhando igualmente, um ganhava muito, enquanto o outro tinha dificul-

---

* Ceres é a deusa romana equivalente à grega Deméter. As Tesmoforias derivam seu nome de Deméter Tesmoforos, ou, Deméter, a que trouxe as leis (que regulavam o trabalho da terra).

dade de viver. Assim, a desigualdade natural se desenvolve insensivelmente com a desigualdade das combinações, e as diferenças entre os homens, desenvolvidas pela diferença das circunstâncias, se tornam mais sensíveis, mais permanentes em seus efeitos e começam a influir na mesma proporção sobre a sorte dos indivíduos.

Chegadas as coisas a esse ponto, é fácil imaginar o resto. Não me deterei na descrição do invento sucessivo das outras artes, do progresso das línguas, do teste e do emprego dos talentos, da desigualdade das fortunas, do uso ou do abuso das riquezas, nem de todos os detalhes que a este se seguem e que cada um pode facilmente prover. Eu me limitarei somente a correr os olhos pelo gênero humano situado nessa nova ordem de coisas.

Eis, pois, todas as nossas faculdades desenvolvidas, a memória e a imaginação em funcionamento, o amor-próprio interessado, a razão tornada ativa e o espírito chegando quase ao termo da perfeição de que é capaz. Eis todas as qualidades naturais postas em ação, a posição social e a sorte de cada homem estabelecidas não somente segundo a quantidade de bens e do poder de servir ou causar dano, mas também segundo o espírito, a beleza, a força ou a habilidade, segundo o mérito ou os talentos, e, sendo essas qualidades as únicas que podiam ganhar a consideração, logo foi preciso tê-las ou afetá-las: foi preciso, para benefício próprio, se mostrar diferente do que de fato se era. Ser e parecer se tornaram duas coisas totalmente diferentes, e dessa distinção provieram o fausto imponente, a astúcia enganadora e todos os vícios que constituem seu séquito. Por outro lado, de livre e independente que o homem antes era, ei-lo, digamos assim, submetido, por uma multidão de novas necessidades, a toda a natureza e, sobretudo, a seus semelhantes, de que se torna escravo em certo sentido, mesmo quando se tornava amo deles: rico, necessita dos préstimos; pobre, necessita do auxílio deles, e a mediocridade não o coloca em condições de lhes prescindir. Ele tem, portanto, que procurar incessantemente interessá-los por sua sorte e fazer que encontrem, de fato ou em aparência, o benefício que têm em trabalhar para o dele, o que o torna malicioso e artificioso com uns, imperioso e duro com outros, e o coloca na necessidade de abusar de todos aqueles de que necessita, quando não pode se fazer temer e não vê interesse em servi-los utilmente. Enfim, a ambição devoradora e o ardor de aumentar sua fortuna relativa, menos por uma verdadeira necessidade do que para se pôr acima dos outros, inspiram a todos os homens uma negra propensão a se causar mutuamente dano, uma inveja secreta ainda mais perigosa por assumir muitas vezes, de modo a dar seu golpe com mais segurança, a máscara da benevolência; numa palavra, concorrência e rivalidade, de um lado, e, de outro, oposição de interesses, e sempre o desejo oculto de tirar proveito em detrimento de outrem. Todos esses males são o primeiro efeito da propriedade e o cortejo inseparável da desigualdade nascente.

Antes de terem sido inventados os sinais representativos das riquezas, elas só podiam consistir em terras e animais, os únicos bens reais que os homens podiam possuir. Ora, quando as heranças aumentaram em número e em extensão, a ponto de cobrir o solo inteiro e todas se tocarem, uns só puderam crescer em detrimento dos outros, e as populações excedentes, que a nobreza ou a indolência haviam impedido de adquiri-las por sua vez, tendo se tornado pobres sem nada ter perdido, porque, com tudo mudando à sua volta, somente estas não haviam mudado, foram obrigadas a receber ou obter sua subsistência dos mais ricos, e daí começaram a nascer, conforme os diferentes caracteres de uns e de outros, a dominação e a servidão, ou a violência e as rapinas. Os ricos, por sua vez, mal conheceram o prazer de dominar, logo passaram a desdenhar de todos os outros e, servindo-se dos seus antigos escravos para submeter novos, só

A ORIGEM DA DESIGUALDADE ENTRE OS HOMENS 85

pensaram em subjugar e sujeitar seus vizinhos, como esses lobos esfaimados que, tendo provado uma vez a carne humana, rejeitam todo outro alimento e só querem saber de devorar homens.

Assim, com os mais poderosos ou os mais miseráveis fazendo de sua força ou de suas necessidades uma espécie de direito ao bem alheio, equivalente, para eles, ao direito de propriedade, a igualdade quebrada foi sucedida pela mais tremenda desordem. Assim, as usurpações dos ricos, o banditismo dos pobres, as paixões desenfreadas de todos sufocando a piedade natural e a voz ainda fraca da justiça tornaram os homens avarentos, ambiciosos e malvados. Erguia-se entre o direito do mais forte e o direito do primeiro ocupante um conflito perpétuo que sempre terminava em combates e morticínios.[2] A sociedade nascente cedeu lugar ao mais horrível estado de guerra: o gênero humano, aviltado e desolado, não podendo mais voltar atrás nem renunciar às aquisições infelizes que fizera e trabalhando somente para a sua vergonha, pelo abuso das faculdades que o honram, se pôs à beira da sua ruína.

Attonitus novitate mali, divesque miserque,
Effugere optat opes, et quae modo voverat, odit.*

Não é possível que os homens não tenham enfim feito reflexões sobre uma situação tão miserável e sobre as calamidades que pesavam sobre eles. Os ricos, principalmente, devem ter logo sentido quanto lhes era desvantajosa uma guerra perpétua com cujo custo arcavam inteiramente e na qual o risco da vida era comum e o dos bens, particular. Aliás, qualquer que fosse o colorido que pudessem dar às suas usurpações, eles sentiam

---

* Aterrorizado com o novo mal, rico e miserável ao mesmo tempo, opta por abandonar a riqueza, abominando o que havia desejado.

muito bem que elas se estabeleciam sobre um direito precário e abusivo e que, tendo sido adquiridas pela força, pela força podiam ser tomadas sem que eles tivessem razão de se queixar. Mesmo aqueles que somente a atividade produtiva havia enriquecido não podiam basear sua propriedade em melhores títulos, por mais que dissessem: fui eu que construí este muro; obtive este terreno com meu trabalho. Quem estabeleceu os limites deste, poderiam lhe retrucar, e em virtude do que você pretende ser pago às nossas custas por um trabalho que nós não lhe impusemos? Você ignora que uma multidão de irmãos seus perece ou sofre pela necessidade do que você tem de sobra, e que você precisava de um consentimento explícito e unânime do gênero humano para se apropriar da subsistência comum de tudo o que ia além da sua? Destituído de razões válidas para se justificar e de forças suficientes para se defender; esmagando facilmente um particular, mas esmagado ele próprio por tropas de bandidos; sozinho contra todos e não podendo, por causa das invejas mútuas, se unir com seus iguais contra inimigos unidos pela esperança comum da pilhagem, o rico, premido pela necessidade, concebeu enfim o projeto mais bem pensado que já entrou num espírito humano: o de empregar em seu benefício as próprias forças dos que o atacavam, de fazer de seus adversários seus defensores, de lhes inspirar outras máximas e de lhes dar outras instituições que lhe fossem tão favoráveis quanto o direito natural lhe era contrário.

Nessa visão, depois de ter exposto a seus vizinhos o horror de uma situação que os armava uns contra os outros, que tornava suas posses tão onerosas quanto suas necessidades e em que ninguém encontrava segurança nem na pobreza nem na riqueza, ele inventou facilmente razões especiosas para conduzi-los ao seu objetivo. "Unamo-nos", disse a eles, "para proteger da opressão os fracos, conter os ambiciosos e assegurar a cada um a posse do que lhe pertence: instituamos regulamentos de justiça e de paz a que todos sejam obrigados a se conformar, que não façam distinção de ninguém e que reparem de algum modo os caprichos da sorte submetendo igualmente o poderoso e o fraco a deveres mútuos. Numa palavra, em vez de voltar nossas forças contra nós mesmos, reunamo-nos em um poder supremo que nos governe de acordo com leis sábias, que proteja e defenda todos os membros da associação, repila os inimigos comuns e nos mantenha numa concórdia eterna."

Foi preciso muito menos que o equivalente desse discurso para arrastar homens grosseiros, fáceis de seduzir, que aliás tinham questões demais a resolver entre eles para poder dispensar árbitros, e demasiada avareza e ambição para poder dispensar senhores por muito tempo. Todos correram ao encontro dos seus grilhões acreditando assegurar sua liberdade, porque, com bastante razão para sentir as vantagens de um estabelecimento político, não tinham experiência bastante para prever os perigos dele. Os mais capazes de pressentir os abusos eram precisamente os que contavam tirar proveito dele, e os próprios sábios viram que era preciso se decidir a sacrificar uma parte da sua liberdade à conservação da outra, como um ferido que corta o braço para salvar o resto do corpo.

Assim foi, ou deve ter sido, a origem da sociedade e das leis, que proporcionaram novos entraves ao fraco e novas forças ao rico,[3] destruíram irremediavelmente a liberdade natural, estabeleceram para sempre a lei da propriedade e da desigualdade, de uma hábil usurpação fizeram um direito irrevogável e em benefício de alguns ambiciosos sujeitaram desde então todo o gênero humano ao trabalho, à servidão e à miséria. Vê-se facilmente como o estabelecimento de uma só sociedade tornou indispensável o de todas as outras e como, para enfrentar forças unidas, foi preciso se unir por sua vez. Multiplicando-se ou estendendo-se rapidamente, as sociedades logo cobriram toda a superfície da terra, e não foi mais possível encontrar um só canto do universo em que os homens pudessem se libertar do jugo e subtrair a cabeça do gládio, muitas vezes mal conduzido, que cada homem viu perpetuamente suspenso sobre a sua. Tendo o direito civil se tornado assim a regra comum dos cidadãos, a lei de natureza manteve-se apenas entre as diversas sociedades, onde, sob o nome de direito das gentes, ela foi temperada por algumas convenções tácitas para tornar o relacionamento possível e suprir à comiseração natural, que, perdendo de sociedade em sociedade quase toda a força que tinha de um homem a outro, reside tão somente em algumas grandes almas cosmopolitas, dignas de atravessar as barreiras imaginárias que separam os povos e abranger todo o gênero humano, a exemplo do ser supremo que o criou.

Permanecendo assim entre si no estado de natureza, os corpos políticos logo sentiram os inconvenientes que haviam forçado os particulares a dele sair, e esse estado se tornou ainda mais funesto entre esses grandes corpos do que havia sido antes entre os indivíduos de que eram compostos. Daí provieram as guerras nacionais, as batalhas, os morticínios, as represálias que fazem a natureza tremer e chocam a razão, e todos esses preconceitos horríveis que colocam entre as virtudes a honra de derramar sangue humano. Até as pessoas de bem aprenderam a contar entre seus deveres o de degolar seus semelhantes; viu-se enfim os homens se massacrarem aos milhares, sem saber por quê. E cometia-se num só dia de combate mais massacres e mais horrores na tomada de uma só cidade do que no estado de natureza por séculos inteiros em toda a face da terra. São esses os primeiros efeitos que se entrevê da divisão do gênero humano em diferentes sociedades. Voltemos à sua instituição.

Sei que muitos atribuíram outras origens às sociedades políticas, como as conquistas do mais poderoso ou a união dos fracos; e a escolha entre essas causas é indiferente ao que pretendo estabelecer. No entanto, a que acabo de expor parece mais natural pelas seguintes razões: 1. que no primeiro caso, o direito de conquista, por não ser um direito, não pôde fundar nenhum outro, permanecendo o conquistador e os povos conquistados sempre no estado de guerra entre si, a não ser que a nação posta de novo em plena liberdade escolha voluntariamente seu vencedor como seu chefe. Até então, quaisquer que sejam as capitulações que tenham sido feitas, como foram baseadas unicamente na violência, sendo nulas por esse fato, não pode haver nessa hipótese nem verdadeira sociedade, nem corpo político, nem outra lei, a não ser a do mais forte; 2. que essas palavras, "forte" e "fraco", são equívocas, no segundo caso; que no intervalo que existe entre o estabelecimento do direito de propriedade ou de primeiro ocupante e o dos governos políticos, o sentido desses termos é melhor explicitado pelos de "pobre" e de "rico", porque de fato um homem não tinha, antes das leis, outro meio de sujeitar seus iguais senão atacando o bem deles ou lhes proporcionando uma parte do seu; 3. que, não tendo os pobres nada a perder, fora sua liberdade, seria uma loucura para eles se privar voluntariamente do único bem que lhes restava sem nada ganhar em troca; que, ao contrário, sendo os ricos, por assim dizer, sensíveis em todas as partes de seus bens, era muito mais fácil lhes fazer mal; que eles tinham por conseguinte mais precauções a tomar para garanti-los; e que, enfim, é mais razoável crer que uma coisa foi inventada por aqueles a quem é útil do que por aqueles a quem causa dano.

O governo nascente não teve uma forma constante e regular. A falta de filosofia e de experiência só deixava perceber os inconvenientes presentes, e só se pensava em remediar os outros à medida que esses inconvenientes se apresentavam. Apesar de todos os trabalhos dos mais sábios legisladores, o Estado político sempre permaneceu imperfeito, porque era quase obra do acaso e porque, mal iniciado, o tempo vindo a descobrir seus defeitos e a sugerir remédios, nunca pôde reparar os vícios da constituição. Remendava-se sem cessar, quando teria sido necessário começar limpando a área e descartando todos os velhos materiais, como fez Licurgo em Esparta, para erguer em seguida um bom edifício. A sociedade consistiu, de início, em apenas algumas convenções gerais que todos os particulares se empenhavam em observar e de que a comunidade se tornava fiadora perante cada um deles. Foi preciso que a experiência mostrasse quanto tal constituição era fraca e quanto era fácil para os infratores evitar a convicção ou o castigo dos erros, de que somente o público deveria ser testemunha e juiz; foi preciso que a lei fosse eludida de mil maneiras; foi preciso que os inconvenientes e as desordens se multiplicassem continuamente para que se pensasse enfim em confiar a particulares a perigosa concessão da autoridade pública e se delegasse a magistrados o cuidado de fazer observar as deliberações do povo. Porque dizer que os chefes foram escolhidos antes que a confederação fosse feita, e que os ministros das leis existiram antes das próprias leis, é uma suposição que não se pode combater seriamente.

Não seria mais razoável acreditar que os povos se jogaram primeiro nos braços de um senhor absoluto, sem condições e sem volta, e que o primeiro meio de prover a segurança comum imaginado por homens altivos e indomáveis foi se precipitar na escravidão. De fato, por que eles adotaram superiores, senão para defendê-los contra a opressão e proteger seus bens, suas liberdades e suas vidas, que são, por assim dizer, os elementos constitutivos do seu ser? Ora, como o pior que pode acontecer nas relações entre os homens é um se ver à discrição de outro, não teria sido contra o bom senso começar por entregar nas mãos de um chefe as únicas coisas para cuja conservação eles necessitavam da ajuda deste? Que equivalente ele podia oferecer a eles para a concessão de um direito tão belo? E, se ele tivesse ousado exigir isso, a pretexto de defendê-los, não teria recebido imediatamente a resposta do apólogo: o que o inimigo nos faria de pior? É incontestável, portanto, e é a máxima fundamental de todo o Direito Político, que os povos adotaram chefes para defender sua liberdade e não para subjugá-los. "Se temos um príncipe", dizia Plínio a Trajano, "é para que ele nos preserve de ter um amo."

Nossos políticos fazem sobre o amor à liberdade os mesmos sofismas que nossos filósofos fizeram sobre o estado de natureza. Pelas coisas que eles veem, julgam coisas bem diferentes que não viram, e atribuem aos homens uma propensão natural à servidão pela paciência com a qual os que têm sob os olhos suportam a deles, sem pensar que ocorre com a liberdade o mesmo que com a inocência e a virtude, cujo preço só sentimos na medida em que as desfrutamos e cujo gosto se perde assim que as perdemos. Conheço as delícias do seu país, dizia Brasidas a um sátrapa que comparava a vida em Esparta com a vida em Persépolis, mas você não pode saber os prazeres do meu.

Assim como um cavalo chucro eriça sua crina, bate as patas e se debate impetuosamente ante a simples aproximação do freio, enquanto um cavalo domado suporta pacientemente o chicote e a espada, o homem bárbaro não baixa a cabeça ante a canga que o homem civilizado porta sem murmurar, e prefere a mais tempestuosa liberdade a uma sujeição tranquila. Não é, portanto, pelo aviltamento dos povos subjugados que devemos julgar as disposições naturais do homem a favor ou contra a servidão, mas pelos prodígios que todos os povos livres realizaram para se garantir contra a opressão. Sei que os primeiros não param de gabar incessantemente a paz e o repouso de que desfrutam em seus grilhões e que *miser-*

*rimam servitutem pacem appellant;** mas quando vejo
os outros sacrificarem os prazeres, o repouso, a riqueza
e a própria vida para a conservação desse único bem tão
desdenhado pelos que o perderam; quando vejo animais
nascidos livres e que execram o cativeiro rebentarem a
cabeça contra as barras da sua prisão; quando vejo multidões de selvagens nus desprezar as volúpias europeias
e enfrentar a fome, o fogo, o ferro e a morte a fim de
conservar sua independência, sinto que não é a escravos
que cabe arrazoar sobre a liberdade.

Quanto à autoridade paterna, de que muita gente de-
rivou o governo absoluto e toda a sociedade, basta notar, sem recorrer às provas de Locke e de Sidney, que
nada no mundo está mais distante do espírito feroz do
despotismo do que a doçura dessa autoridade que diz
mais respeito à vantagem de quem obedece do que à utilidade de quem comanda; que pela lei de natureza o pai
só é o senhor do filho enquanto seu apoio lhe for necessário; que além desse prazo eles se tornam iguais e que
então o filho, perfeitamente independente do pai, só lhe
deve respeito, e não obediência, porque o reconhecimento é um dever que se deve prestar, mas não um direito
que se possa exigir. Em vez de dizer que a sociedade civil
deriva do poder paterno, dever-se-ia dizer, ao contrário,
que é dela que esse poder extrai sua principal força: um
indivíduo só foi reconhecido como pai de vários quando
estes permaneceram reunidos em torno dele. Os bens do
pai, de que ele é verdadeiramente o senhor, são os vínculos que retêm seus filhos em sua dependência, e ele pode
lhes dar a parte que lhes cabe na sua sucessão somente
se eles a houverem merecido por uma contínua deferên-
cia às suas vontades. Ora, longe de os sujeitos terem um
favor semelhante a esperar de seu déspota, como eles lhe
pertencem, eles e tudo o que possuem, ou pelo menos

---

* Chamam de paz uma miserável servidão.

ele assim pretende, eles são reduzidos a receber como um favor o que ele lhes deixa dos próprios bens desses seus sujeitos. Ele faz justiça quando os despoja; faz mercê quando os deixa viver.

Continuando a examinar assim os fatos pelo direito, não encontraríamos nem solidez nem verdade no estabelecimento voluntário da tirania, e seria difícil mostrar a validade de um contrato que obrigaria apenas uma das partes, em que se poria tudo de um lado e nada do outro e que só daria prejuízo a quem o aceita. Esse sistema odioso está bem distante de ser, mesmo hoje, o de monarcas sábios e bons, e sobretudo dos reis da França, como se pode ver em diversas partes dos seus decretos, em particular na passagem seguinte de um escrito célebre, publicado em 1667, em nome e por ordem de Luís XIV: *Que não digam, portanto, que o soberano não está sujeito às leis do seu Estado, pois que a proposição contrária é uma verdade do direito das gentes que a sabujice às vezes atacou, mas que os bons príncipes sempre defenderam como uma divindade tutelar de seus Estados. Quão mais legítimo é dizer com o sábio Platão que a perfeita felicidade de um reino está em que um príncipe seja obedecido por seus súditos, em que o príncipe obedeça à lei e que a lei seja sensata e sempre voltada para o bem público.* Não me deterei para averiguar se, sendo a liberdade a mais nobre das faculdades do homem, não seria degradar sua natureza colocar-se no nível dos animais escravos do instinto, ofender o próprio autor do seu ser, renunciar sem reserva ao mais precioso de todos os seus dons, se submeter a cometer todos os crimes que ele nos veda para comprazer a um senhor feroz ou insensato, e se esse operário sublime deve sentir-se mais irado ao ver destruírem do que ao ver desonrarem sua mais bela obra. Negligenciarei, se me permitem, a autoridade de Barbeyrac, que declara nitidamente, acompanhando Locke, que ninguém pode vender sua liberdade a ponto de se submeter a um poder arbitrário que o trata segundo a sua fantasia. *Porque*, ele acrescenta, *seria vender sua própria vida, de que não somos senhores.* Perguntarei somente com que direito os que não temeram se aviltar a esse ponto puderam submeter sua posteridade à mesma ignomínia e renunciar, por ela, a bens que ela não recebe da liberalidade deles e sem os quais a própria vida é onerosa a todos os que dela são dignos?

Pufendorf diz que, do mesmo modo que uma pessoa transfere um bem a outrem por meio de convenções e contratos, ela também pode se despojar da sua liberdade em benefício de qualquer um. É esse, me parece, um péssimo raciocínio, porque, primeiramente, o bem que alieno se torna uma coisa totalmente alheia a mim e cujo abuso me é indiferente, mas me importa que não abusem da minha liberdade, e eu não posso, sem me tornar culpado do mal que me forçarão a fazer, expor-me a ser instrumento do crime. Além disso, sendo o direito de propriedade apenas convencional e de instituição humana, todo homem pode a seu bel-prazer dispor do que possui; mas não é assim com os dons essenciais da natureza, tais como a vida e a liberdade, que a cada um é permitido desfrutar e de que é no mínimo duvidoso que tenhamos direito de nos despojar: tirando-nos uma, degradamos nosso ser; tirando-nos a outra, aniquilamos este no que ele é em si. E como nenhum bem temporal pode compensar uma e outra, seria ofender ao mesmo tempo a natureza e a razão renunciar a elas qualquer que fosse o preço. No entanto, mesmo que se pudesse alienar a liberdade como a seus bens, a diferença seria enorme para os filhos que só desfrutam dos bens do pai por transmissão de seu direito, ao passo que sendo a liberdade um dom que eles recebem da natureza na qualidade de homens, seus pais não têm nenhum direito de despojá-los dele, de sorte que, assim como para estabelecer a escravidão foi preciso violentar a natureza, foi necessário mudá-la para perpetuar esse direito. E os jurisconsultos que pronunciaram gravemente que o filho de uma escrava nasceria escravo decidiram, em outros termos, que um homem não nasceria homem.

Parece-me certo, portanto, que não apenas os governos não começaram pelo poder arbitrário, que nada mais é que a corrupção, o ponto extremo deles e que os leva por fim unicamente à lei do mais forte de que foram de início o remédio, mas também que, ainda que eles houvessem assim começado, esse poder, sendo por natureza ilegítimo, não pôde servir de fundamento para os direitos da sociedade, nem por conseguinte para a desigualdade de instituição.

Sem entrar hoje nas pesquisas que ainda restam fazer sobre a natureza do pacto fundamental de todo governo, limito-me, acompanhando a opinião corrente, a considerar aqui o estabelecimento do corpo político como um verdadeiro contrato entre o povo e os chefes que este escolheu, contrato esse pelo qual as duas partes se obrigam a observar leis que nele são estipuladas e que formam os vínculos de sua união. Tendo o povo reunido acerca das relações sociais todas as suas vontades numa só, os artigos todos com base nos quais essa vontade se manifesta se tornam leis fundamentais que obrigam todos os membros do Estado sem exceção, e uma das quais regula a escolha e o poder dos magistrados encarregados de zelar pela execução das outras. Esse poder se estende a tudo o que pode manter a constituição, sem chegar ao ponto de mudá-la. Somam-se a isso honrarias que tornam respeitáveis as leis e seus ministros, bem como, para estes pessoalmente, prerrogativas que compensam os penosos trabalhos que custa uma boa administração. O magistrado, por seu lado, se obriga a só usar do poder que lhe é confiado de acordo com a intenção dos seus constituintes, a manter cada um no aprazível desfrute do que lhe pertence e a preferir em toda ocasião a utilidade pública ao seu próprio interesse.

Antes que a experiência mostrasse ou que o conhecimento do coração humano levasse a prever os abusos inevitáveis de tal constituição, ela deve ter parecido ainda melhor por serem os encarregados de zelar pela sua conservação os mais interessados nela, já que, sendo a magistratura e seus direitos estabelecidos com base nas leis fundamentais, caso elas fossem destruídas, os magistrados deixariam de ser legítimos, o povo não seria mais obrigado a lhes obedecer e, como não teria sido o magistrado mas a lei que teria constituído a essência do Estado, cada um voltaria, de direito, à sua liberdade natural.

É só refletir atentamente que isso se confirmaria por novas razões e, pela natureza do contrato, ver-se-ia que ele não poderia ser irrevogável, pois se não houvesse poder superior que pudesse ser o garante da fidelidade dos contraentes e forçá-los a cumprir com seus compromissos recíprocos, as partes seriam os únicos juízes de sua própria causa, e cada uma delas ficaria sempre com o direito de renunciar ao contrato se achasse que a outra infringia suas condições ou que estas deixariam de lhe convir. É nesse princípio que, parece, o direito de abdicar pode se basear. Ora, considerando-se tão somente, como fazemos, a instituição humana, se o magistrado, que tem todo o poder nas mãos e que se apropria de todas as vantagens do contrato, teria, porém, o direito de renunciar à autoridade, com maior razão o povo, que paga por todos os erros do chefe, deveria ter o direito de renunciar à dependência. Mas as tremendas dissensões, as desordens infinitas que esse perigoso poder acarretaria, necessariamente mostram mais que qualquer outra coisa quanto os governos humanos tinham necessidade de uma base mais sólida do que a pura razão, e quanto era necessário à tranquilidade pública que a vontade divina interviesse para dar à autoridade soberana um caráter sagrado e inviolável que tirasse dos súditos o funesto direito a dispor dela. Mesmo que a religião tivesse feito apenas esse bem aos homens, seria o bastante para que todos eles devessem amá-la e adotá-la, inclusive com seus abusos, pois ela poupa mais sangue do que o fanatismo faz escorrer. Mas sigamos o fio da nossa hipótese.

· As diversas formas dos governos têm sua origem nas diferenças mais ou menos grandes que se encontraram entre os particulares no momento da instituição. Um homem era eminente em poder, em virtude, em riquezas ou em crédito? Ele foi o único a ser eleito magistrado, e o Estado se tornou monárquico; se vários mais ou menos iguais prevaleciam sobre todos os outros, eles foram eleitos conjuntamente, e tivemos uma aristocracia. Aqueles cuja fortuna ou talentos eram menos desproporcionais e que tinham se afastado menos do estado de natureza, mantiveram em comum a administração suprema e formaram uma democracia. O tempo verificou qual dessas formas era a mais vantajosa aos homens. Uns permaneceram unicamente submetidos às leis, os outros logo obedeceram a senhores. Os cidadãos quiseram preservar sua liberdade, os súditos não pensaram em nada mais que tirá-la de seus vizinhos, não podendo admitir que outros desfrutassem de um bem de que eles mesmos não desfrutavam. Numa palavra, de um lado as riquezas e as conquistas, de outro a felicidade e a virtude.

Nesses diversos governos todas as magistraturas foram de início eletivas, e quando a riqueza não prevalecia, a preferência era concedida ao mérito, que proporciona um ascendente natural, e à idade, que proporciona a experiência nos assuntos e o sangue-frio nas deliberações. Os anciãos dos hebreus, os gerontes de Esparta, o senado de Roma e a própria etimologia da nossa palavra "senhor" mostram o quanto a velhice era respeitada outrora. Quanto mais as eleições recaíam sobre homens de idade avançada, mais se tornavam frequentes e mais seus embaraços se faziam sentir; introduziram-se as maquinações, formaram-se as facções, azedaram-se os partidos, acenderam-se as guerras civis, enfim, o sangue dos cidadãos foi sacrificado à pretensa felicidade do Estado e se esteve a um passo de voltar à anarquia dos tempos anteriores. A ambição dos principais tirou proveito dessas circunstâncias para perpetuar seus cargos em suas famílias; o povo, já acostumado com a dependência, o repouso e as comodidades da vida e já sem condições de quebrar seus grilhões, consentiu em deixar sua servidão aumentar para fortalecer sua tranquilidade. Foi assim que os chefes, que tinham se tornado hereditários, se acostumaram a ver sua magistratura como um bem de família, a se ver como donos do Estado, de que a princípio não eram mais que encarregados, a chamar seus concidadãos de seus escravos, a contá-los como gado entre as coisas que lhes pertenciam e a chamar a si mesmos de iguais aos deuses e de reis dos reis.

Se acompanharmos o progresso da desigualdade nessas diferentes revoluções, veremos que o estabelecimento da lei e do direito de propriedade foi seu primeiro termo; a instituição da magistratura, o segundo; que o terceiro e último foi a transformação do poder legítimo em poder arbitrário, de sorte que a condição de rico e de pobre foi autorizada pela primeira época, a de poderoso e de fraco pela segunda, e pela terceira a de senhor e de escravo, que é o último grau da desigualdade e o termo a que chegam enfim todos os outros, até novas revoluções dissolverem inteiramente o governo ou o aproximarem de novo da instituição legítima.

Para compreender a necessidade desse progresso, é preciso considerar menos os motivos do estabelecimento do corpo político do que a forma que ele adquire em sua execução e os inconvenientes que acarreta, porque os vícios que tornam necessárias as instituições sociais são os mesmos que tornam seu abuso inevitável; e como — com exceção de Esparta, onde a lei zelava principalmente pela educação das crianças e onde Licurgo estabeleceu costumes que quase o dispensavam de acrescentar leis — as leis em geral menos fortes que as paixões continham os homens sem mudá-los, seria fácil provar que todo governo que, sem se corromper nem se alterar, caminhasse sempre exatamente de acordo com a finalidade da sua instituição teria sido instituído sem necessidade, e que um país em que ninguém eludisse as leis nem abusasse da magistratura não necessitaria nem de magistrados nem de leis.

As distinções políticas trazem necessariamente as distinções civis. A desigualdade que cresce entre o povo e seus chefes logo se faz sentir entre os particulares e aí se modifica de mil maneiras conforme as paixões, os talentos e as ocorrências. O magistrado não poderia usurpar um poder ilegítimo sem produzir criaturas a que é forçado a ceder alguma parte deste. Aliás, os cidadãos não se deixam oprimir se não são arrastados por uma ambição cega e, olhando mais abaixo que acima deles, a dominação se lhes torna mais grata do que a independência, e eles aceitam usar grilhões para poder distribuí-los por sua vez. É muito difícil reduzir à obediência quem não procura comandar, e nem mesmo o político mais hábil conseguiria subjugar homens que só quisessem ser livres; mas a desigualdade se estende sem dificuldade entre almas ambiciosas e covardes, sempre prontas a correr os riscos da sorte e a dominar ou servir quase indiferentemente, conforme ela lhes seja favorável ou contrária. Assim, deve ter chegado um tempo em que os olhos do povo ficaram a tal ponto fascinados que seus condutores só precisavam dizer ao menor dos homens "seja grande, você e toda a sua raça", que logo ele parecia grande para todo mundo, assim como a seus próprios olhos, e seus descendentes se elevavam ainda mais à medida que se distanciavam dele: quanto mais a causa era remota e incerta, mais o efeito aumentava; quanto mais vagabundos havia numa família, mais ela se tornava ilustre.

Se aqui fosse o lugar de entrar em detalhes, eu explicaria facilmente como, sem que o governo sequer se meta,

a desigualdade de crédito e de autoridade se torna inevitável entre os particulares[4] assim que reunidos numa mesma
sociedade: eles são forçados a se comparar entre si e levar
em conta diferenças que encontram no uso contínuo que
têm a fazer uns dos outros. Essas diferenças são de várias
espécies, mas, sendo geralmente a riqueza, a nobreza ou
a posição social, o poder e o mérito pessoal as principais
distinções pelas quais as pessoas se medem na sociedade,
provaria que o acordo ou o conflito dessas forças diversas é a indicação mais segura de um Estado bem ou mal
constituído; faria ver que entre esses quatro tipos de desigualdade, sendo as qualidades pessoais a origem de todas
as outras, a riqueza é a última à qual elas se reduzem no
fim, porque, sendo a mais imediatamente útil ao bem-estar
e a mais fácil a comunicar, as pessoas se servem facilmente dela para comprar todo o resto. Observação que pode
permitir julgar com bastante exatidão quanto cada povo se
distanciou da sua instituição primitiva e do caminho que
percorreu em direção ao extremo da corrupção. Observaria
quanto esse desejo universal de reputação, de honrarias e de
preferências que nos devora a todos exercita e compara os
talentos e as forças, quanto acende e multiplica as paixões
e quanto, tornando todos os homens concorrentes, rivais,
ou antes, inimigos, ele causa todos os dias reveses, sucessos
e catástrofes de toda espécie, fazendo tantos pretendentes
correrem a mesma carreira. Mostraria que é a esse ardor de
fazer falar de si, a esse furor de se distinguir, que nos deixa
quase sempre fora de nós mesmos, que devemos o que há de
melhor e de pior entre os homens, nossas virtudes e nossos
vícios, nossas ciências e nossos erros, nossos conquistadores
e nossos filósofos, isto é, uma multidão de coisas ruins para
um pequeno número de boas. Provaria enfim que, se vemos
um punhado de poderosos e de ricos no cume das grandezas e da fortuna, enquanto a multidão rasteja na obscuridade e na miséria, é que os primeiros só estimam as coisas
de que desfrutam na medida em que os outros são delas

privados, e que sem mudarem de status eles deixariam de ser felizes se o povo deixasse de ser miserável.

Mas esses detalhes seriam tão só matéria de uma obra considerável na qual se pesariam as vantagens e os inconvenientes de todo governo, relativamente aos direitos do estado de natureza e em que se desvendariam todas as diferentes faces sob as quais a desigualdade se mostrou até este dia e poderá se mostrar nos séculos futuros, conforme a natureza desses governos e as revoluções que o tempo trará necessariamente. Veríamos a multidão oprimida internamente por uma série de precauções que ela mesma havia tomado contra o que a ameaçava externamente. Veríamos a opressão crescer continuamente sem que os oprimidos pudessem saber que fim ela teria nem que meios legítimos lhes restariam para detê-la. Veríamos os direitos dos cidadãos e as liberdades nacionais se extinguirem pouco a pouco e as reivindicações dos fracos tratadas como murmúrios sediciosos. Veríamos a política restringir a uma porção mercenária do povo a honra de defender a causa comum. Veríamos sair daí a necessidade dos impostos, o cultivador desanimado abandonar sua terra durante a paz e abandonar o arado para cingir a espada. Veríamos nascer as regras funestas e bizarras da questão de honra. Veríamos os defensores da pátria se tornarem mais cedo ou mais tarde seus inimigos, manter incessantemente o punhal erguido contra seus concidadãos, e viria um tempo em que os ouviríamos dizer ao opressor de seu país:

Pectore si fratris gladium juguloque parentis
Condere me jubeas, gravidaeque in viscera partu
*Conjugis, invita peragam tamen omnia dextra.**

---

* Se tu me ordenares enterrar meu gládio no peito do meu irmão, nas vísceras da minha esposa grávida, degolar meu pai, ainda que isso vá contra a minha vontade, assim farei.

Da extrema desigualdade das condições e das fortunas, da diversidade das paixões e dos talentos, das artes inúteis, das artes perniciosas, das ciências frívolas sairiam um sem-fim de preconceitos, igualmente contrários à razão, à felicidade e à virtude; veríamos ser fomentado pelos chefes tudo o que pode debilitar os homens unidos, desunindo-os; tudo o que pode dar à sociedade um ar de concórdia aparente, e nela semear um germe de divisão real; tudo o que pode inspirar às diferentes ordens uma desconfiança e um ódio mútuo pela oposição de seus direitos e de seus interesses, e fortalecer por conseguinte o poder que contém tudo isso.

É do seio dessa desordem e dessas revoluções que o despotismo, erguendo gradativamente sua cabeça hedionda e devorando tudo o que ele teria visto de bom e de sadio em todas as partes do Estado, chegaria enfim a pisotear as leis e o povo e a se estabelecer sobre as ruínas da República. Os tempos que precederiam essa última mudança seriam tempos de distúrbios e de calamidades, mas no fim tudo seria devorado pelo monstro e os povos não teriam mais chefes nem leis, somente tiranos. A partir desse instante também deixaria de se tratar de costumes e de virtude, porque, onde quer que reine o despotismo — *cui ex honesto nulla est spes** —, ele não suporta nenhum outro senhor, não há nem probidade nem dever a consultar, e a mais cega obediência é a única virtude que resta aos escravos.

É esse o termo final da desigualdade e o ponto extremo que fecha o círculo, chegando ao ponto de onde partimos. É aqui que todos os particulares se tornam novamente iguais porque não são nada e porque os súditos, não tendo outra lei senão a vontade do senhor, nem o senhor outra regra senão suas paixões, as noções do bem e os princípios da justiça se desvanecem novamente. É aqui que tudo se re-

---

* Não há esperança no que é honesto.

duz à lei do mais forte e, por conseguinte, a um novo estado de natureza diferente daquele pelo qual começamos, na medida em que era um estado de natureza em sua pureza, enquanto este último é fruto de um excesso de corrupção. Aliás, há tão pouca diferença entre esses dois estados, e o contrato de governo está tão dissolvido pelo despotismo, que o déspota só é senhor enquanto for o mais forte e que, assim que se puder expulsá-lo, ele não terá como reclamar da violência. A rebelião que termina por estrangular ou destronar um sultão é um ato tão jurídico quanto aqueles pelos quais ele dispunha, um dia antes, da vida e dos bens de seus súditos. Somente a força o mantinha, somente a força o derruba. Todas as coisas acontecem, assim, de acordo com a ordem natural e, qualquer que possa ser o resultado dessas curtas e frequentes revoluções, ninguém pode se queixar da injustiça de outrem, mas apenas da sua própria imprudência ou da sua desgraça.

Descobrindo e seguindo assim os caminhos esquecidos e perdidos que do estado natural devem ter levado o homem ao estado civil; restabelecendo, com as posições intermediárias que acabo de assinalar, os que o tempo que me preme me fez suprimir, ou que a imaginação não me sugeriu, todo leitor atento não deixará de se impressionar com o imenso espaço que separa esses dois estados. É nessa lenta sucessão das coisas que ele verá a solução de uma infinidade de problemas de moral e de política que os filósofos não podem resolver. Ele sentirá que, não sendo o gênero humano de uma era o gênero humano de outra era, a razão por que Diógenes não encontrava nenhum homem é que ele buscava entre seus contemporâneos o homem de um tempo que não existia mais. Catão, dirá ele, perece com Roma e com a liberdade, porque estava fora do lugar em seu século, e o maior dos homens mais não fez que espantar o mundo que ele teria governado quinhentos anos antes. Numa palavra, ele explicará como a alma e as paixões humanas, alterando-se insensivelmente, mudam por assim dizer de natureza; por que nossas necessidades e nossos prazeres mudam de objeto com o tempo; por que, como o homem original se apaga gradativamente, a sociedade não oferece aos olhos do sábio mais que um acúmulo de homens artificiais e de paixões factícias que são obra de todas essas novas relações e não têm nenhum fundamento verdadeiro na natureza. O que a reflexão nos ensina a esse respeito, a observação confirma perfeitamente: o homem selvagem e o homem civilizado diferem tanto pelo fundo do coração e das inclinações que o que faz a felicidade suprema de um reduziria o outro ao desespero. O primeiro só anseia o repouso e a liberdade, só quer viver e permanecer ocioso, e a própria ataraxia do estoico não se aproxima da profunda indiferença daquele por qualquer outro objeto. Ao contrário, o cidadão sempre ativo sua, se agita, se atormenta sem cessar para buscar ocupações ainda mais laboriosas: ele trabalha até a morte, até corre para ela a fim de se pôr em condições de viver, ou renuncia à vida para adquirir a imortalidade, corteja os grandes que odeia e os ricos que despreza; não poupa nada para obter a honra de os servir; gaba-se orgulhosamente da sua baixeza e da proteção deles e, orgulhoso da sua escravidão, fala com desdém dos que não têm a honra de compartilhá-la. Que espetáculo para um caraíba os trabalhos penosos e invejados de um ministro europeu! Quantas mortes cruéis não preferiria esse indolente selvagem ao horror de uma vida assim, um horror que muitas vezes não é nem sequer atenuado pelo prazer de fazer bem-feito? Mas para ver a finalidade de tantos cuidados, seria necessário que as palavras "poder" e "reputação" tivessem um sentido em seu espírito, que ele soubesse que há uma espécie de homens que dão algum valor aos olhares do resto do universo, que sabem ser felizes e contentes consigo mesmos muito mais pela opinião que os outros têm de si do que pela sua própria. É esta, de fato, a verdadeira causa de todas essas diferenças: o selva-

A ORIGEM DA DESIGUALDADE ENTRE OS HOMENS 105

gem vive em si mesmo, o homem sociável, sempre fora de si, só vive com base na opinião dos outros e é, por assim dizer, unicamente do julgamento destes que ele extrai a sensação da sua própria existência. Não faz parte do meu tema mostrar como tal disposição nasce da indiferença pelo bem e pelo mal, com tão belos discursos de moral; como, tudo se reduzindo às aparências, tudo se torna factício e encenado: honra, amizade, virtude e muitas vezes até os vícios, de que encontram enfim o segredo de se glorificar. Numa palavra, como, perguntando sempre aos outros o que somos e nunca ousando nos interrogar a esse respeito, em meio a tanta filosofia, humanidade, polidez e máximas sublimes, temos um exterior enganador e frívolo, honra sem virtude, razão sem sabedoria e prazer sem felicidade. Basta-me ter provado que não é esse o estado original do homem, e que é tão só o espírito da sociedade e a desigualdade que ela engendra que mudam e alteram assim todas as nossas inclinações naturais.

Procurei expor a origem e a evolução da desigualdade, o estabelecimento e o abuso das sociedades políticas, na medida em que essas coisas podem ser deduzidas da natureza do homem somente pelas luzes da razão e independentemente dos dogmas sagrados que dão à autoridade soberana a sanção do direito divino. Segue-se desta exposição que a desigualdade, quase nula no estado de natureza, tira sua força e seu crescimento do desenvolvimento das nossas faculdades e dos progressos do espírito humano, tornando-se enfim estável e legítima pelo estabelecimento da propriedade e das leis. Segue-se também que a desigualdade moral, autorizada pelo direito positivo, e somente por ele, é contrária ao direito natural todas as vezes que não concorre na mesma proporção com a desigualdade física. Essa distinção determina suficientemente o que se deve pensar a esse respeito da espécie de desigualdade que reina entre todos os povos civilizados, pois que é manifestamente contra a lei de natureza, como quer que esta seja definida, que uma criança comande um ancião, que um imbecil conduza um homem sábio e que um punhado de gente transborde de superfluidades enquanto a multidão esfaimada carece do necessário.

Notas

À REPÚBLICA DE GENEBRA [PP. 9-20]

1. Heródoto conta que depois do assassinato do falso Es-
mérdis, tendo os sete libertadores da Pérsia se reunido
para deliberar sobre a forma de governo que dariam ao
Estado, Otanes opinou vivamente pela república, opinião ainda mais extraordinária na boca de um sátrapa, porque, além da pretensão de que ele podia ter ao
império, os grandes temem mais que a morte um tipo
de governo que os force a respeitar os homens. Otanes,
como se pode imaginar, não foi ouvido e, vendo que iam
proceder à eleição de um monarca, ele, que não queria
nem obedecer nem comandar, cedeu voluntariamente aos outros concorrentes seu direito à coroa, pedindo
como compensação ser livre e independente, ele e toda
a sua posteridade, o que lhe foi concedido. Ainda que
Heródoto não nos fizesse saber da restrição que foi posta a esse privilégio, deveríamos necessariamente supô-la,
porque senão Otanes, não reconhecendo nenhuma outra
lei e não tendo contas a prestar a ninguém, teria sido oni-
potente no Estado e mais poderoso do que o próprio rei.
Mas não parecia que um homem capaz de se contentar
em tal caso com tamanho privilégio fosse capaz de abusar dele. De fato, não se vê que esse direito tenha causado alguma vez o menor distúrbio no reino, nem de parte
do sábio Otanes, nem de nenhum de seus descendentes.

PREFÁCIO [PP. 21-7]

1. Desde meu primeiro passo, eu me baseio com confiança numa dessas autoridades respeitáveis para os filósofos, porque elas provêm de uma razão sólida e sublime, que só eles sabem encontrar e sentir. "Qualquer que seja o interesse que tenhamos em nos conhecer a nós mesmos, não sei se conhecemos melhor tudo o que não é nós mesmos. Dotados pela natureza de órgãos destinados unicamente à nossa conservação, só os utilizamos para receber as impressões externas, só procuramos nos estender no exterior e a existir fora de nós. Ocupados demais em multiplicar as funções dos nossos sentidos e a ampliar a extensão exterior do nosso ser, raramente fazemos uso desse sentido interno que nos reduz às nossas verdadeiras dimensões e que separa de nós tudo o que não é nosso. No entanto, é desse sentido que temos de nos servir, se quisermos nos conhecer; é o único pelo qual podemos nos julgar. Mas como dar a esse sentido sua atividade e toda a sua extensão? Como desprender nossa alma, na qual ele reside, de todas as ilusões do nosso espírito? Perdemos o costume de utilizá-la, ela ficou sem exercício no meio do tumulto das nossas sensações corporais, ela se secou pelo fogo das nossas paixões. O coração, o espírito, o sentido, tudo trabalhou contra ela." *Hist. Nat.*, t. 4, p. 151, *De La Nature de l'homme* [Da natureza do homem, Buffon].

DISCURSO

PRIMEIRA PARTE [PP. 37-70]

1. As mudanças que um longo hábito de caminhar sobre dois pés pode ter produzido na conformação do homem, as relações que ainda observamos entre seus braços e as patas anteriores dos quadrúpedes e a indução tirada de seu modo de caminhar podem ter feito nascer dúvidas

NOTAS

sobre a maneira que devia ser a mais natural para nós. Todas as crianças começam andando de quatro e precisam do nosso exemplo e das nossas lições para aprender a ficar de pé. Há inclusive nações selvagens, como os hotentotes, que, negligenciando muito as crianças, deixam-nas andar tanto tempo se apoiando nas mãos que depois têm dificuldade de fazê-las ficar de pé. Os filhos dos caraíbas das Antilhas fazem a mesma coisa. Há diversos exemplos de homens quadrúpedes, e entre outros eu poderia citar o daquele menino que foi encontrado em 1344 perto de Hessen, onde havia sido alimentado pelos lobos e que dizia mais tarde à corte do príncipe Henrique que, se dependesse apenas de si, preferia voltar para o meio deles a viver entre os homens. Tinha se acostumado tanto a andar como esses animais que foi preciso lhe amarrar uns pedaços de madeira que o forçavam a se manter ereto e em equilíbrio nos dois pés. O mesmo se deu com a criança que encontraram em 1694 nas florestas da Lituânia e que vivia entre os ursos. Não dava nenhum sinal de razão, diz o sr. de Condillac, andava sobre os pés e as mãos, não tinha nenhuma linguagem e formava sons que não pareciam em nada com os de um homem. O pequeno selvagem de Hanôver, que levaram há anos à corte da Inglaterra, tinha a maior dificuldade do mundo para andar sobre os dois pés, e em 1719 foram encontrados dois outros selvagens nos Pireneus, que corriam pelas montanhas à maneira dos quadrúpedes. E se é possível objetar que se trata de se privar do uso das mãos, de que tiramos tanto proveito, além de o exemplo dos macacos mostrar que a mão pode muito bem ser empregada dessas duas maneiras, isso provaria apenas que o homem pode dar a seus membros um destino mais cômodo do que a natureza lhes dá, e não que a natureza destinou o homem a caminhar de uma maneira diferente da que ela lhe ensina.

Mas, parece-me, há razões muito melhores a oferecer para sustentar que o homem é um bípede. Primeiramente, ainda que se mostrasse que ele pode de início ter sido conformado diferentemente do que o vemos e,

apesar disso, se tornar enfim o que é, isso não bastaria para concluir que foi assim que aconteceu, porque,
depois de mostrar a possibilidade dessas mudanças, seria necessário, antes de admiti-las, mostrar pelo menos
a verossimilhança delas. Além do mais, se os braços
do homem parecem ter lhe servido de pernas, se preciso, é esta a única observação favorável a essa tese,
de um grande número de outras que lhe são contrárias. As principais são: que a maneira como a cabeça
do homem é presa a seu corpo, em vez de dirigir sua
vista horizontalmente, como ocorre com todos os outros animais, e como ele mesmo a tem ao caminhar de
pé, teria mantido seus olhos, ao caminhar de quatro,
diretamente fixados na terra, situação pouquíssimo favorável à conservação do indivíduo; que o rabo que lhe
falta, e de que nada lhe serve caminhando sobre os dois
pés, é útil aos quadrúpedes, e que nenhum deles é privado de uma cauda; que o seio da mulher, muito bem
situado para um bípede que segura o filho nos braços,
é tão ruim para um quadrúpede que nenhum deles o
tem posto dessa maneira; que o quarto traseiro, sendo
de uma altura excessiva proporcionalmente às pernas
dianteiras, o que faz que, caminhando de quatro, nós
nos arrastemos sobre os joelhos, tudo isso teria feito
um animal malproporcionado e que caminharia pouco comodamente; que, se ele pusesse o pé sobre sua
planta assim como a mão sobre a palma, teria tido na
perna posterior uma articulação a menos que os outros
animais, a saber, a que junta a canela à tíbia, e que,
pousando apenas a ponta do pé, como sem dúvida teria
sido obrigado a fazer, o tarso, sem falar da pluralidade dos ossos que o compõem, parece grande demais
para fazer as vezes de canela, e suas articulações com
o metatarso e a tíbia próximas demais para dar à perna humana nessa situação a mesma flexibilidade que
têm as dos quadrúpedes. O exemplo das crianças, por
serem tomados numa idade em que as forças naturais
ainda não se desenvolveram nem os membros se conso-
lidaram, não conclui absolutamente nada, e eu gostaria

de dizer que os cachorros não são destinados a andar, porque eles apenas rastejam durante algumas semanas depois do nascimento. Os fatos particulares também têm pouca força contra a prática universal de todos os homens, inclusive de nações que, não tendo nenhuma comunicação com as outras, não poderiam imitar nada destas. Uma criança abandonada numa floresta antes de poder andar, e alimentada por algum animal, terá seguido o exemplo da sua amamentadora, aprendendo a caminhar como ela; o hábito poderá lhe dar facilidades que ele não recebia da natureza, e assim como os manetas acabam conseguindo fazer com suas pernas, à força de exercícios, tudo o que fazemos com nossas mãos, ele acabará sendo capaz de usar suas mãos como se fossem pés.

2.   Se houver entre meus leitores um físico suficientemente ruim para me criar dificuldades sobre a suposição dessa fertilidade natural da terra, vou lhe responder com o trecho que segue.

"Como os vegetais extraem para sua alimentação muito mais substância do ar e da água do que extraem da terra, ocorre que, apodrecendo, eles restituem à terra mais do que dela tiraram; aliás, uma floresta determina as águas da chuva detendo os vapores. Assim, num bosque que fosse mantido intocado por bastante tempo, a camada de terra que serve para a vegetação aumentaria consideravelmente; mas como os animais restituem à terra menos do que dela tiram, e os homens fazem um consumo enorme de madeira e de plantas para o fogo e outros usos, resulta que a camada de terra vegetal de uma região habitada deve sempre diminuir e se tornar enfim como o terreno da Arábia Pétrea, e como o de tantas outras províncias do Oriente, que é de fato o clima há mais tempo habitado, onde só encontramos sal e areias, porque o sal fixo das plantas e dos animais resta, enquanto todas as outras partes se volatilizam." Buffon, *Hist. Nat.*

Podemos acrescentar a isso a prova de fato pela quantidade de árvores e de plantas de toda espécie de que eram repletas quase todas as ilhas desertas que foram descobertas nestes últimos séculos e porque a história nos fala de florestas imensas que foi preciso abater por toda a terra à medida que ela se povoou ou se civilizou. Sobre isso farei mais estas três observações. A primeira, que se há um tipo de vegetais capaz de compensar o desperdício de matéria vegetal feito pelos animais, conforme o raciocínio do sr. de Buffon, são principalmente as árvores, cujas copas e folhas juntam e se apropriam mais das águas e dos vapores do que as outras plantas. A segunda, que a destruição do solo, isto é, a perda da substância própria da vegetação, deve se acelerar à proporção que a terra é mais cultivada e que os habitantes mais industriosos consomem em maior abundância seus produtos de todo tipo. Minha terceira e mais importante observação é que os frutos das árvores fornecem ao animal uma alimentação mais abundante do que podem fazer os outros vegetais, experiência que eu mesmo fiz, comparando os produtos de dois terrenos iguais em grandeza e em qualidade, um coberto por castanheiras, o outro semeado de trigo.

3. Entre os quadrúpedes, as duas distinções mais universais das espécies vorazes se baseiam, uma na forma dos dentes, e a outra na conformação dos intestinos. Os animais que vivem apenas de vegetais têm, todos eles, dentes chatos, como o cavalo, o boi, o carneiro, a lebre; mas os vorazes têm dentes pontudos, como o gato, o cachorro, o lobo, a raposa. E quanto aos intestinos, os frugívoros têm alguns, como o cólon, que não se encontra nos animais vorazes. Parece, portanto, que o homem, tendo dentes e intestinos como os animais frugívoros, deveria naturalmente ser incluído nessa classe, e não são apenas as observações anatômicas que confirmam essa opinião, mas os monumentos da Antiguidade também são bastante favoráveis a ela. Diz são Jerônimo: "Dircearco relata em seus livros das antiguidades gregas que sob o reinado da Saturno, quando a

NOTAS

terra ainda era fértil por si mesma, nenhum homem comia carne, todos viviam dos frutos e legumes que cresciam naturalmente" (liv. 2, *Adv. Jovinian*). Essa opinião pode se apoiar também nos relatos de vários viajantes modernos: François Corréal, entre outros, atesta que a maioria dos habitantes das Lucaias que os espanhóis transportaram para as ilhas de Cuba, São Domingos e alhures, morreram por terem comido carne. Pode-se ver por isso que deixo de lado muitas das vantagens que eu poderia alegar. Porque, sendo a presa quase o único motivo de combate entre os animais carnívoros, e vivendo os frugívoros entre si numa paz contínua, se a espécie humana era deste último gênero, é claro que teria tido muito mais facilidade para subsistir no estado de natureza, muito menos necessidade e oportunidades de sair dele.

4.   Todos os conhecimentos que requerem reflexão, todos os que só se adquirem pelo encadeamento das ideias e só se aperfeiçoam sucessivamente parecem totalmente fora de alcance do homem selvagem, por falta de comunicação com seus semelhantes, ou seja, por falta do instrumento que serve a essa comunicação e das necessidades que a tornam indispensável. Seu saber e sua indústria se limitam a pular, correr, combater, jogar uma pedra, escalar uma árvore. Mas se ele só faz essas coisas, em compensação as faz muito melhor do que nós, que não temos a mesma necessidade que ele; e como elas dependem unicamente do exercício do corpo e não são capazes de nenhuma comunicação e de nenhum progresso de um indivíduo ao outro, o primeiro homem pôde ser tão hábil nelas quanto seus últimos descendentes.

      Os relatos dos viajantes são cheios de exemplos da força e do vigor dos homens nas nações bárbaras e selvagens. Eles exaltam igualmente sua destreza e sua rapidez; e como só são necessários olhos para observar essas coisas, nada nos impede pôr fé no que certificam a esse respeito os testemunhos oculares. Escolho ao acaso alguns exemplos dos primeiros livros que me caem nas mãos.

"Os hotentotes", diz Kolben, "entendem melhor a pescaria que os europeus do Cabo. Sua habilidade é igual na rede, no anzol e no dardo, tanto nas enseadas como nos rios. Eles pegam com igual habilidade o peixe com as mãos. São de uma destreza incomparável no nado. Sua maneira de nadar tem algo de surpreendente, e que é totalmente característica deles. Nadam com o corpo reto e as mãos estendidas fora d'água, de sorte que parecem andar no chão. Na maior agitação do mar, quando as águas formam verdadeiras montanhas, sobem e descem como um pedaço de cortiça."

"Os hotentotes", diz ainda o mesmo autor, "são de uma habilidade surpreendente na caça, e a ligeireza da sua corrida ultrapassa a imaginação." Ele se espanta que não façam com mais frequência mau uso da sua agilidade, o que, no entanto, ocorre algumas vezes, como se pode julgar pelo exemplo que ele dá. "Um marinheiro holandês, ao desembarcar no Cabo, encarregou um hotentote de segui-lo até a cidade com um rolo de fumo de cerca de vinte libras. Quando os dois chegaram a certa distância da tropa, o hotentote perguntou ao marinheiro se ele sabia correr. Correr?, respondeu o holandês, sim, muito bem. Vamos ver, replicou o africano, e fugindo com o fumo desapareceu quase imediatamente. O marinheiro, atônito com aquela maravilhosa velocidade, nem pensou em persegui-lo e nunca mais tornou a ver seu fumo nem seu carregador.

"Eles têm a vista tão rápida e a mão tão certa que os europeus não se aproximam deles. A cem passos, eles acertarão uma pedrada num alvo do tamanho de uma moeda de meio *sou*, e o que há de mais surpreendente é que, em vez de fixar, como nós, os olhos no alvo, fazem movimentos de contorções contínuas. Parece que a pedra deles é segurada por uma mão invisível."

O padre Du Tertre diz sobre os selvagens das Antilhas mais ou menos as mesmas coisas que acabamos

NOTAS

de ler sobre os hotentotes do cabo da Boa Esperança. Ele exalta sobretudo sua precisão em atirar com suas flechas nas aves voando e nos peixes nadando, que eles buscam depois num mergulho. Os selvagens da América setentrional são igualmente célebres por sua força e sua destreza. Eis um exemplo que poderá nos fazer avaliar as dos índios da América meridional.

No ano de 1746, um índio de Buenos Aires que havia sido condenado às galés em Cádis propôs ao governador resgatar sua liberdade arriscando a vida numa festa pública. Ele prometeu que atacaria sozinho o touro mais furioso sem outra arma na mão além de uma corda, que o derrubaria, que o amarraria com a corda na parte que lhe indicassem, que o selaria, o bridaria, o montaria e combateria assim montado dois outros touros dos mais furiosos que fariam sair do touril e mataria todos, um depois do outro, no instante que ordenassem e sem ajuda de ninguém, o que lhe foi concedido. O índio cumpriu com a palavra e teve sucesso em tudo o que havia prometido. Sobre a maneira como ele agiu e sobre todos os detalhes do combate, pode-se consultar o primeiro tomo in-doze das *Observations sur l'Histoire naturelle* [Observações sobre a história natural] de Gautier, de onde este fato é tirado, p. 262.

5.   "A duração da vida dos cavalos", diz o sr. Buffon, "é, como em todas as outras espécies de animais, proporcional à duração do tempo de seu crescimento. O homem, que leva catorze anos crescendo, pode viver seis ou sete vezes esse tempo, isto é, noventa ou cem anos; o cavalo, cujo crescimento se dá em quatro anos, pode viver seis ou sete vezes isso, isto é, 25 ou trinta anos. Os exemplos que poderiam ser contrários a essa regra são tão raros que não devemos nem mesmo vê-los como uma exceção de que se possa tirar consequências, e como os cavalos corpulentos crescem em menos tempo que os cavalos finos, também vivem menos tempo e já são velhos aos quinze anos."

6.   Creio ver entre os animais carnívoros e os animais frugívoros outra diferença ainda mais geral que aquela que observei na nota 3, pois ela se estende até as aves. Essa diferença consiste no número de filhotes, que nunca excede dois a cada ninhada, no caso das espécies que vivem apenas de vegetais, e que geralmente supera esse número no caso dos animais vorazes. É fácil conhecer a esse respeito a destinação da natureza pelo número de mamas, que são dois na fêmea da primeira espécie, como a égua, a vaca, a cabra, a gazela, a ovelha etc., e que é sempre de seis ou de oito nas outras fêmeas, como a cadela, a gata, a loba, a tigresa etc. A galinha, a gansa, que são aves vorazes, assim como a águia, o gavião, a coruja, também põem e chocam um grande número de ovos, o que nunca acontece com a pomba, a rola nem com os passarinhos, que só comem grãos e só põem e chocam dois ovos de cada vez. A razão que se pode dar dessa diferença é que os animais que vivem somente de ervas e plantas, por ficarem o dia quase todo pastando e, por serem forçados a empregar muito tempo para se alimentar, não poderiam amamentar várias crias, ao passo que os vorazes, fazendo sua refeição quase num instante, podem mais facilmente e com mais frequência voltar às suas crias e à sua caçada e reparar a dissipação de uma quantidade tão grande de leite. Haveria a tudo isso muitas observações particulares e reflexões a fazer, mas aqui não é o lugar e me basta ter mostrado nesta parte o sistema mais geral da natureza, sistema que proporciona uma nova razão para tirar o homem da classe dos animais carnívoros e classificá-lo entre as espécies frugívoras.

7.   Um autor célebre, calculando os bens e os males da vida humana e comparando as duas somas, chegou à conclusão de que a última superava em muito a outra e que, no cômputo geral, a vida era para um homem um péssimo mimo. Não me surpreendo com essa conclusão. Ele tirou todos os seus raciocínios da constituição do homem civilizado: se houvesse remontado ao homem natural,

podemos considerar que teria encontrado resultados bem diferentes, que teria percebido que o homem não tem outros males que não os causados por ele mesmo e que a natureza teria sido justificada. Não foi sem dificuldade que chegamos a nos tornar tão infelizes. Quando, por um lado, consideramos os imensos trabalhos dos homens, tantas ciências aprofundadas, tantas artes inventadas, tantas forças empregadas, abismos aterrados, montanhas arrasadas, rochedos quebrados, rios tornados navegáveis, terras desmatadas, lagos escavados, pântanos secados, construções enormes erguidas na terra, o mar coberto de navios e de marinheiros; e que, por outro lado, se busca com um pouco de meditação as verdadeiras vantagens que resultaram de tudo isso para a felicidade da espécie humana, não podemos deixar de ficar sensibilizados com a impressionante desproporção que reina entra essas coisas e de deplorar a cegueira do homem que, para alimentar seu louco orgulho, o faz correr com ardor atrás de todas as misérias que podem acometê-lo e que a benévola natureza havia tomado o cuidado de afastar dele.

Os homens são maus. Uma triste e contínua experiência dispensa a prova. No entanto, o homem é naturalmente bom, creio ter demonstrado. O que então pode tê-lo depravado a esse ponto, senão as mudanças sobrevindas em sua constituição, os progressos que ele fez e os conhecimentos que adquiriu? Admirem quanto quiserem a sociedade humana, nem por isso será menos verdadeiro que ela leva necessariamente os homens a se odiarem à medida que seus interesses se cruzam, a se prestar mutuamente serviços aparentes e a se causar na verdade todos os males imagináveis. O que se pode pensar de uma relação em que a razão de cada particular lhe dita máximas diretamente contrárias às que a razão pública prega ao corpo da sociedade e em que cada um encontra seu ganho na desgraça alheia? Não há talvez um só homem abastado cuja morte seus herdeiros ávidos e muitas vezes seus próprios filhos não desejem em segredo; não há um navio no mar cujo naufrágio não tenha sido uma boa notícia para algum negociante; não há uma casa em que um devedor de má-fé não tenha querido queimar com todos os documentos que ela contém; não há um povo que não se rejubile com os desastres dos seus vizinhos. Assim, encontramos nossa vantagem no prejuízo de nossos semelhantes e a perda de um faz quase sempre a prosperidade do outro. Mas o que há de mais perigoso ainda é que as calamidades públicas são a expectativa e a esperança de uma multidão de particulares. Uns querem doenças, outros a mortandade, outros a guerra, outros a fome. Vi homens horrorosos chorarem de dor ante as aparências de um ano fértil, e o grande e funesto incêndio de Londres, que custou a vida ou os bens de tantos infelizes, talvez tenha feito a fortuna de mais de 10 mil pessoas. Sei que Montaigne critica o ateniense Dêmades por ter punido um operário que, vendendo caríssimo seus caixões, ganhava muito com a morte dos cidadãos, mas, como a razão que Montaigne alega é que seria preciso punir todo mundo, é evidente que ela confirma as minhas. Penetrem, pois, através de nossas frívolas demonstrações de benevolência, no que acontece no fundo dos corações e reflitam sobre o que deve ser um estado de coisas em que todos os homens são forçados a se acariciar e a se destruir mutuamente, e em que eles nascem inimigos por dever e espertalhões por interesse. Se me responderem que a sociedade está constituída de tal modo que cada homem ganha ao servir os outros, replicarei que isso seria ótimo se ele não ganhasse mais ainda os prejudicando. Não há lucro tão legítimo que não seja superado por aquele que se pode obter ilegitimamente, e o mal feito ao próximo é sempre mais lucrativo que seus serviços. Trata-se, portanto, de nada mais que encontrar os meios de garantir para si a impunidade, e é nisso que os poderosos investem todas as suas forças, e os fracos todas as suas espertezas.

O homem selvagem, depois de jantar, está em paz com toda a natureza e é amigo de seus semelhantes. Trata-se às vezes de disputar sua refeição? Ele nunca vai

NOTAS

às vias de fato sem antes comparar a dificuldade de vencer com a de encontrar sua subsistência em outro lugar; e como o orgulho não se mete no combate, este termina por alguns socos: o vencedor come, o vencido vai buscar sua sorte e tudo se pacifica. Mas, no homem em sociedade, a coisa é bem diferente: trata-se primeiramente de prover-se do necessário, depois, do supérfluo; em seguida vêm as delícias, e depois as imensas riquezas, e depois súditos, e depois escravos. Não há um momento de folga. O que há de singular é que, quanto menos as necessidades são naturais e prementes, mais as paixões aumentam e, o que é pior, o poder de satisfazê-las, de sorte que, depois de longas prosperidades, depois de devorar muitos tesouros e arruinar muitos homens, meu herói terminará por massacrar todos até ser o único senhor do Universo. É esse, resumidamente, o quadro moral, se não da vida humana, pelo menos das pretensões secretas do coração de todo homem civilizado.

Comparem sem preconceitos o estado do homem civil com o do homem selvagem e vejam, se puderem, quanto, além da sua maldade, de suas necessidades e de suas misérias, o primeiro abriu novas portas para a dor e a morte. Se vocês considerarem as aflições que nos consomem, as paixões violentas que nos esgotam e nos desolam, os trabalhos excessivos que sobrecarregam os pobres, a indolência ainda mais perigosa a que os ricos se entregam e que fazem morrer, uns, de suas necessidades, e os outros, de seus excessos. Se vocês pensarem nas monstruosas mesclas de alimentos, em seus perniciosos temperos, nos víveres estragados, nas drogas falsificadas, nas velhacarias dos que as vendem, nos erros dos que as administram, no veneno dos utensílios em que são preparados; se vocês prestarem atenção nas doenças epidêmicas geradas pelo ar ruim entre multidões de homens reunidos, àquelas ocasionadas pela delicadeza da nossa maneira de viver, as passagens alternativas do interior das nossas casas ao ar livre, o uso de roupas postas ou tiradas com tão pouca precaução, e todos os cuidados que nossa sensualidade excessiva transformou em hábitos necessários e cujo negligenciar ou cuja privação logo nos custa a vida ou a saúde; se vocês levarem em conta os incêndios e os terremotos que, consumindo ou derrubando cidades inteiras, fazem seus habitantes perecer aos milhares; numa palavra, se vocês reunirem os perigos que todas essas causas reúnem continuamente acima de nossas cabeças, sentirão quanto a natureza nos faz pagar caro pelo desprezo que tivemos para com suas lições.

Não repetirei aqui sobre a guerra o que disse em outra oportunidade; mas gostaria que as pessoas instruídas quisessem ou ousassem dar uma vez ao público o detalhe dos horrores que se cometem nos exércitos pelos empresários de víveres e de hospitais: ver-se-ia que suas manobras, não muito secretas, devido às quais os mais brilhantes exércitos se derretem em menos que nada, fazem perecer mais soldados do que o ferro inimigo ceifa. É outro cálculo, não menos espantoso do que o dos homens que o mar traga todos os anos, seja pela fome, seja pelo escorbuto, seja pelos piratas, seja pelo fogo, seja pelos naufrágios. É claro que também se devem lançar na conta da propriedade estabelecida e, por conseguinte, da sociedade, os assassinatos, os envenenamentos, os assaltos nas estradas e as próprias punições desses crimes, punições necessárias para prevenir males maiores, mas que, por custar a vida de dois ou mais homens para cada assassinato de um, nem por isso deixam de dobrar de fato a perda da espécie humana. Quantos meios vergonhosos há de impedir o nascimento dos homens e de enganar a natureza? Seja por esses gostos brutais e depravados que insultam sua obra mais encantadora, gostos que nem os selvagens nem os animais nunca conheceram e que nasceram nos países civilizados de uma imaginação corrompida; seja por esses abortos secretos, dignos frutos da depravação e da honra viciosa; seja pelo abandono ou pelo assassinato de uma multidão de crianças, vítimas da miséria de seus pais ou da vergonha bárbara das suas mães; seja enfim pela mutilação dessas infelizes, que têm uma parte da existência e toda a posteridade sacrificadas a vãs canções ou, o que é ainda pior, ao brutal ciúme de alguns homens, mutilação que, neste último caso, ultraja duplamente a natureza, tanto pelo tratamento que recebem os que a sofrem como pelo uso a que são destinadas.

Mas não há milhares de casos mais frequentes e mais perigosos ainda, em que os direitos paternos ofendem abertamente a humanidade? Quantos homens teriam se distinguido se tivessem uma situação adequada, mas que morrem infelizes e desonrados numa outra situação para a qual não tinham a menor inclinação! Quantos casamentos felizes mas desiguais foram desfeitos ou perturbados, e quantas castas esposas foram desonradas por essa ordem das condições sempre em contradição com a da natureza! Quantas outras uniões bizarras formadas pelo interesse e condenadas pelo amor e pela razão! Quantos, inclusive, esposos honestos e virtuosos se supliciam mutuamente por combinarem mal! Quantas jovens e infelizes vítimas da avareza dos pais mergulham no vício ou passam seus tristes dias em lágrimas e gemem em laços indissolúveis que o coração repele e que somente o ouro formou! Felizes às vezes as que sua coragem e sua virtude arrancam da vida, antes que uma violência bárbara as force a cair no crime ou no desespero. Perdoem-me, pai e mãe para sempre deploráveis: eu agravo a contragosto vossas dores; mas possam elas servir de exemplos eternos e terríveis a quem quer que ouse, em nome da própria natureza, violar o mais sagrado dos direitos desta.

Se só falei desses laços malformados que são obra de nossa civilização, porventura pensa alguém que os laços a que o amor e a simpatia presidiram sejam isentos de inconvenientes?

Que seria se eu me pusesse a mostrar a espécie humana atacada em sua fonte mesma, inclusive no mais sagrado de todos os laços, em que não se ousa mais ouvir a natureza, senão depois de ter consultado a fortuna e em que — com a desordem civil confundindo as virtudes e os vícios — a continência se torna uma

precaução criminosa e a recusa de dar vida a seu semelhante um ato de humanidade? Mas, sem rasgar o véu
que cobre tantos horrores, contentemo-nos com indi-
car o mal que outros devem remediar.

Acrescente-se a tudo isso essa quantidade de profissões malsãs que abreviam os dias ou destroem o temperamento, como os trabalhos nas minas, as diversas pre-
parações dos metais, dos minerais, principalmente do
chumbo, do cobre, do mercúrio, do cobalto, do arsênico,
do rosalgar; estas outras profissões perigosas que custam
todos os dias a vida a uma grande quantidade de operários, uns deles telhadores, outros carpinteiros, outros
pedreiros, outros trabalhando nas pedreiras; reúnam-se,
digo, todos esses objetos e poderemos ver no estabelecimento e na perfeição das sociedades as razões da dimi-
nuição da espécie, observada por mais de um filósofo.

O luxo, impossível de prevenir nos homens ávidos
de suas comodidades e da consideração dos outros,
logo acaba o mal que as sociedades começaram e, a
pretexto de fazer viver os pobres que não se deveria
ter feito, empobrece todo o resto e despovoa o Estado,
mais cedo ou mais tarde.

O luxo é um remédio muito pior do que o mal que
ele pretende curar; ou melhor, ele próprio é o pior de
todos os males, em qualquer Estado, grande ou pequeno que seja, e que, para nutrir multidões de lacaios e
de miseráveis que ele fez, oprime e arruína o lavrador
e o cidadão. É como esses ventos quentes do Sul que,
cobrindo a relva e a verdura de insetos devoradores, tiram a subsistência dos animais úteis e levam a penúria
e a morte a todos os cantos em que se fazem sentir.

Da sociedade e do luxo que ela gera nascem as artes liberais e mecânicas, o comércio, as letras e todas
essas inutilidades que fazem a indústria florescer, enriquecem os Estados e os fazem decair. A razão dessa
decadência é muito simples. É fácil ver que, por sua
natureza, a agricultura deve ser a menos lucrativa de
todas as artes, porque, como seu produto é do uso mais
indispensável para todos os homens, seu preço deve ser

proporcional às faculdades dos mais pobres. Do mesmo princípio podemos tirar a regra de que em geral as artes são lucrativas na razão inversa da sua utilidade e que as mais necessárias devem enfim se tornar as mais negligenciadas. Com isso se vê o que se deve pensar das verdadeiras vantagens da indústria e do efeito real que resulta dos seus progressos.

São essas as causas sensíveis de todas as misérias em que a opulência acaba precipitando as nações mais admiradas. À medida que a indústria e as artes se ampliam e florescem, o cultivador, desprezado, agravado pelos impostos necessários à manutenção do luxo e condenado a passar sua vida entre o trabalho e a fome, abandona seus campos para ir buscar nas cidades o pão que ele deveria lhes fornecer. Quanto mais as capitais enchem de admiração os olhos estúpidos do povo, mais se deveria lastimar por ver os campos abandonados, as terras incultas e as estradas inundadas de cidadãos desgraçados que se tornaram mendigos ou ladrões e destinados a terminar sua miséria um dia no suplício da roda ou num monte de esterco. Assim, o Estado, enriquecendo-se por um lado, se enfraquece e se despovoa pelo outro, e as mais poderosas monarquias, depois de muito trabalho para se tornarem opulentas e desertas, acabam se tornando presas das nações pobres que sucumbem à funesta tentação de invadi-las e que se enriquecem e se enfraquecem por sua vez, até serem por sua vez invadidas e destruídas por outras.

Dignem-se de nos explicar de uma vez o que pode ter produzido essas nuvens de bárbaros que por tantos séculos inundou a Europa, a Ásia e a África. Era acaso à engenhosidade das suas artes, à sabedoria de suas leis, à excelência do seu governo que eles deviam essa prodigiosa população? Que nossos estudiosos façam o favor de nos dizer por que, em vez de se multiplicarem a esse ponto, esses homens ferozes e brutais, sem luzes, sem freio, sem educação, não matavam todos uns aos outros a cada instante, para disputar sua pastagem ou sua caça? Que eles nos expliquem como esses miseráveis tiveram a ousadia de encarar gente tão hábil como éramos, com uma disciplina militar tão bela, com códigos tão belos e leis tão sábias? Enfim, por que, desde que a sociedade se aperfeiçoou nos países do Norte e estes se deram tanto trabalho para ensinar a seus homens seus deveres mútuos e a arte de conviver agradável e pacificamente, não vemos aparecer mais nada de semelhante a essas multidões de homens que o Norte produzia outrora? Temo que alguém tenha por fim a ideia de me responder que todas essas grandes coisas, a saber, as artes, as ciências e as leis foram mui sabiamente inventadas pelos homens como uma peste salutar para prevenir a excessiva multiplicação da espécie, temendo que este mundo que nos é destinado não acabe se tornando pequeno demais para seus habitantes.

Como assim? Devemos destruir as sociedades, aniquilar o teu e o meu e voltar a viver nas florestas com os ursos? É uma consequência à maneira de meus adversários, que prefiro prevenir a lhes deixar a vergonha de tirá-la. Ó senhores, a quem a voz celeste não se faz ouvir e que não reconhecem para vossa espécie outra destinação que acabar em paz essa curta vida; ó senhores, que podem deixar no meio das cidades vossas funestas aquisições, vossos espíritos inquietos, vossos corações corrompidos e vossos desejos desenfreados, retomem, pois isso depende dos senhores, vossa antiga e primeva inocência, vão aos bosques perder a visão e a memória dos crimes de vossos contemporâneos e não temam aviltar vossa espécie renunciando às luzes destas para renunciar aos vícios delas. Quanto aos homens semelhantes a mim, cujas paixões destruíram para sempre a simplicidade original e que não podem mais se alimentar de ervas e de glandes, nem prescindir de leis e de chefes: os que foram honrados em seu primeiro pai com lições sobrenaturais; os que verão na intenção de dar primeiro às ações humanas uma moralidade que elas não houvessem adquirido há tempos, a razão de um preceito indiferente por si mesmo e inexplicável em qualquer outro sistema; os que, numa palavra, estão convencidos de que a voz divina chamou todo o gênero humano às luzes e à felicidade das inteligências celestes, todos esses procurarão, pelo exercício das virtudes que eles se obrigam a praticar aprendendo a conhecê--los, a merecer o preço eterno que devem dele esperar; esses respeitarão os laços sagrados das sociedades de que são membros; amarão seus semelhantes e os servirão com todo o seu poder; obedecerão escrupulosamente às leis e aos homens que delas são autores e ministros; honrarão sobretudo os bons e sábios príncipes que saberão prevenir, curar ou paliar essa multidão de abusos e de males sempre prestes a nos sufocar; animarão o zelo desses dignos chefes, mostrando a eles sem temor e sem lisonja a grandeza da sua tarefa e o rigor de seu dever, mas desprezarão igualmente uma constituição que só pode se manter com o auxílio de tanta gente respeitável que mais desejamos que obtemos e do qual sempre nascem mais calamidades reais do que vantagens aparentes.

8. Dentre os homens que conhecemos, ou por nós mesmos, ou pelos historiadores, ou pelos viajantes, uns são negros, outros brancos, outros vermelhos; uns usam cabelos compridos, outros têm apenas uma carapinha crespa; uns são quase inteiramente peludos, outros nem sequer têm barba; houve e talvez ainda haja nações de homens de uma estatura gigantesca; e, deixando de lado a fábula dos pigmeus que pode muito bem não passar de um exagero, sabe-se que os lapões e sobretudo os groenlandeses estão bem abaixo da estatura média do homem; pretende-se inclusive que há povos inteiros que têm rabo como os quadrúpedes; e, sem acrescentar uma fé cega nos relatos de Heródoto e de Ctésias, podemos pelo menos sustentar a opinião bastante verossímil de que, se tivesse sido possível fazer boas observações naqueles tempos antigos em que os diversos povos seguiam maneiras de viver mais diferentes entre si do que acontece hoje, também teria se observado na figura e na conformação do corpo variedades muito mais notáveis.

Todos esses fatos, de que é fácil fornecer provas incontestes, surpreendem apenas os que estão acostumados a só olhar para os objetos que os cercam e que ignoram os poderosos efeitos da diversidade dos climas, do ar, dos alimentos, da maneira de viver, dos hábitos em geral e, sobretudo, a força espantosa das mesmas causas quando agem continuamente sobre longas séries de gerações. Hoje, que o comércio, as viagens e as conquistas reúnem mais os diversos povos e que suas maneiras de viver se aproximam sem cessar pela frequente comunicação, percebemos que certas diferenças nacionais diminuíram e, por exemplo, todos podem notar que os franceses de hoje não são mais aqueles grandes corpos brancos e louros descritos pelos historiadores latinos, embora o tempo que levou à mistura dos francos e dos normandos, eles próprios brancos e louros, devesse restabelecer o que o convívio com os romanos pode ter subtraído à influência do clima, na constituição natural e na cor dos habitantes. Todas essas observações sobre as variedades que mil causas podem produzir e de fato produziram na espécie humana me levam a me perguntar se diversos animais parecidos com os homens, considerados bichos pelos viajantes, sem muito exame ou por causa de algumas diferenças que eles notavam na conformação externa, ou somente porque esses animais não falavam, não seriam na realidade verdadeiros homens selvagens, cuja raça antigamente dispersa nas florestas não tenha tido a oportunidade de desenvolver nenhuma das suas faculdades virtuais, não tenha adquirido nenhum grau de perfeição e ainda se encontrava no estado primitivo de natureza. Vamos dar um exemplo do que quero dizer.

"Encontra-se no reino do Congo", diz o tradutor da *Histoire des voyages* [História das viagens], "uma grande quantidade desses grandes animais que chamam de orangotango nas Índias Orientais, que ficam como que no meio entre o estado primitivo e os babuínos. Battel conta que nas florestas de Maiombe, no reino de Loango, veem-se dois tipos de monstros, os maiores chamam-se *pongos* e os outros *enjokos*. Os primeiros têm uma semelhança exata com o homem, mas são muito mais corpulentos e bem altos. Com uma fisionomia humana, têm olhos bastante reentrantes. Suas mãos, suas faces, suas orelhas não têm pelo, com exceção das sobrancelhas, que são bastante compridas. Embora tenham o resto do corpo muito peludo, o pelo não é denso e sua cor é marrom. Enfim, a única parte que os distingue dos homens é a perna, que não tem panturrilha. Andam eretos segurando com a mão o pelo do pescoço; seu abrigo é nos bosques; dormem nas árvores e fazem uma espécie de telhado que os protege da chuva. Seus alimentos são frutas ou nozes silvestres. Nunca comem carne. O costume dos negros que atravessam as florestas é acender fogueiras durante a noite. Eles observam que de manhã, quando partem, os pongos tomam o lugar deles em volta do fogo e não se retiram enquanto ele não se extingue, porque, dotados de muita habilidade, eles não têm senso bastante para mantê-lo aceso acrescentando lenha.

"Às vezes andam em bando e matam os negros que atravessam as florestas. Atacam até elefantes, que vêm pastar nos lugares que habitam, e os incomodam tanto com socos e pauladas que os forçam a fugir soltando gritos. Nunca se pega pongos vivos, porque eles são tão robustos que dez homens não bastariam para contê-los. Mas os negros pegam muitos pongos jovens depois de matar a mãe, ao corpo da qual o filhote se agarra fortemente. Quando um desses animais morre, os outros cobrem seu corpo com um amontoado de galhos ou folhagens. Purchass acrescenta que nas conversas que teve com Battel, soube deste que um pongo lhe tomou um negrinho, que passou um mês inteiro na sociedade desses animais, porque eles não fazem nenhum mal aos homens que encontram, pelo menos quando estes não olham para eles, como o negrinho havia observado. Battel não descreveu a segunda espécie de monstro.

"Dapper confirma que o reino do Congo é repleto de animais que têm nas Índias o nome de orangotango, isto é, habitante das florestas, e que os africanos chamam de quojas-morros. Esse bicho, diz ele, se assemelha tanto ao homem que veio à mente de alguns viajantes que poderia ser filho de uma mulher e de um símio, quimera que os próprios negros rejeitam. Um desses animais foi transportado do Congo à Holanda e apresentado ao príncipe de Orange, Frederico Henrique. Era da altura de uma criança de três anos e de pouca gordura, mas corpulento e bem-proporcionado, muito ágil e vivo; as pernas carnudas e robustas, toda a frente do corpo nua, mas as costas cobertas de pelos negros. À primeira vista, seu rosto se parecia com o de um homem, mas tinha o nariz achatado e recurvado; suas orelhas também eram as da espécie humana; seu seio, porque se tratava de uma fêmea, era rechonchudo, seu umbigo reentrante, seus ombros bem juntos, suas mãos divididas em dedos e em polegares, suas panturrilhas e seus calcanhares gordos e carnudos. Andava com frequência sobre as pernas, era capaz de levantar e carregar fardos pesados. Quando queria beber, pegava com uma mão a tampa do jarro e segurava a parte de baixo com a outra. Depois limpava graciosamente os lábios. Deitava-se para dormir, a cabeça num travesseiro, cobrindo-se com tanta destreza que seria confundido com um homem na cama. Os negros fazem estranhos relatos sobre esse animal. Garantem que não só ele violenta as mulheres e as meninas, mas ousa atacar homens armados. Numa palavra, parece, e muito, que ele é o sátiro dos antigos. É talvez desses animais que Merolla fale quando conta que os negros às vezes pegam em suas caçadas homens e mulheres selvagens."

Fala-se ainda dessas espécies de animais antropomorfos no terceiro tomo da mesma *Histoire des voyages* sob o nome de begos e mandris. Mas, para nos atermos aos relatos precedentes, encontramos na descrição desses supostos monstros conformidades espantosas com a espécie humana e diferenças menores que as que poderíamos assinalar entre um homem e outro. Não se vê nesses trechos as razões pelas quais os autores se baseiam para recusar aos animais em questão o nome de homens selvagens, mas é fácil conjecturar que é por causa da estupidez deles e também porque eles não falavam, razões fracas para os que sabem que, muito embora o órgão da palavra seja natural ao homem, a palavra mesma não lhe é natural, e que conhecem até que ponto sua perfectibilidade pode ter elevado o homem civil acima do seu estado original. O pequeno número de linhas que essas descrições contêm pode nos fazer julgar quanto esses animais foram mal observados e com que preconceitos foram vistos. Por exemplo, eles são qualificados de monstros, e no entanto concorda-se que eles procriam. A certa altura, Battel diz que os pongos matam os negros que atravessam as florestas, noutra Purchass acrescenta que não fazem nenhum mal a eles, mesmo quando os surpreendem, pelo menos quando os negros não ficam olhando para eles. Os pongos se reúnem em torno das fogueiras acesas pelos negros quando estes se retiram, e se retiram por sua vez quando a fogueira se apaga. Eis o fato. Agora eis o comentário do observador: *Porque, dotados de muita habilidade, eles não têm senso bastante para mantê-la acrescentando lenha.* Gostaria de adivinhar como Battel, ou Purchass, seu compilador, pôde saber que a retirada dos pongos era mais um efeito de sua burrice do que de sua vontade. Num clima como o de Loango, o fogo não é uma coisa muito necessária aos animais, e se os negros o acendem é menos contra o frio do que para espantar os animais ferozes. É, portanto, bem simples entender que, depois de terem se distraído algum tempo com as chamas, ou de terem se aquecido, os pongos se aborrecem de ficar sempre no mesmo lugar e vão buscar seu alimento, o que requer mais tempo do que se comessem carne. Aliás, sabe-se que a maioria dos animais, sem excluir o homem, são naturalmente preguiçosos e se recusam a toda sorte de trabalho que não seja de uma absoluta necessidade. Parece enfim bem estranho que os pongos, cuja habilidade e força são elogiadas, os pongos, que sabem enterrar seus mortos e fazer telhados de ramagens, não saibam pôr tições numa fogueira. Eu me lembro de ter visto um macaco fazer essa manobra que não se quer que os pongos possam fazer. É verdade que, como minhas ideias não se voltavam na época para isso, eu mesmo cometi o erro que recrimino a nossos viajantes e descuidei de examinar se a intenção do macaco era mesmo conservar o fogo ou, simplesmente, como creio, imitar a ação de um homem. Seja como for, está bem demonstrado que o macaco não é uma variedade de homem, não apenas porque é privado da faculdade de falar, mas sobretudo porque se tem certeza de que sua espécie não tem a faculdade de se aperfeiçoar, o que é característica específica da espécie humana. Experiências que não parecem ter sido feitas com o pongo e o orangotango de forma cuidadosa o bastante para se poder tirar a mesma conclusão. Haveria, no entanto, um meio pelo qual, se o orangotango ou outros fossem da espécie humana, os observadores mais grosseiros poderiam se assegurar disso, inclusive com demonstração. Mas, além de que uma só geração não bastaria para essa experiência, ela deve ser tida como impraticável, pois seria preciso que o que não passa de uma suposição fosse demonstrado verdadeiro antes que o teste que deveria constatar o fato pudesse ser feito inocentemente.

Os juízos precipitados, que não são fruto de uma razão esclarecida, estão sujeitos a cair no excesso. Nossos viajantes, sem a menor cerimônia, consideram bichos, dando-lhes o nome de pongos, mandris, orangotangos, os mesmos seres que, com o nome de sátiros, faunos, silvanos, os antigos consideravam divindades. Talvez, depois de pesquisas mais exatas, descubra-se que não se trata nem de bichos nem de deuses, mas de homens. Enquanto isso, parece-me que é tão razoável nos reportarmos aqui a Merolla, religioso letrado, testemunha ocular, que com toda a sua ingenuidade não deixava de ser um homem de luzes, quanto ao mercador Battel, a Dapper, Purchass e outros compiladores.

Que juízo se acha teriam feito observadores assim sobre a criança encontrada em 1694, de que já falei acima, a qual não denotava nenhum sinal de razão, andava sobre os pés e as mãos, não possuía nenhuma linguagem e formava sons que não pareciam em nada com os de um homem? Demorou muito, continua o mesmo filósofo que me fornece esse fato, até ser capaz de proferir algumas palavras, e ainda assim de maneira bárbara. Assim que foi capaz de falar, interrogaram-no sobre o seu primeiro estado, mas ele se lembrava tanto quanto nos lembramos do que nos aconteceu no berço. Se, infelizmente para ele, ou talvez felizmente, essa criança tivesse caído nas mãos dos nossos viajantes, não podemos duvidar que, depois de notar seu silêncio e sua estupidez, tivessem decidido mandá-lo de volta para a floresta ou trancado num zoológico, depois do que teriam sabiamente falado sobre ele em belos relatos como um bicho curiosíssimo que se parecia muito com o homem.

Nestes trezentos ou quatrocentos anos em que os habitantes da Europa inundam as outras partes do mundo e publicam sem cessar novas coletâneas de viagens e relatos, estou persuadido de que os únicos homens que conhecemos são os europeus. Ainda, parece pelos preconceitos ridículos que não se extinguiram, inclusive entre os homens de letras, que cada um faz sob o nome pomposo de estudo do homem nada mais que o estudo dos homens do seu país. Os particulares podem ir e vir, mas parece que a filosofia não viaja; assim a de cada povo é pouco adequada para outro. A causa disso é manifesta, pelo menos no caso dos lugares distantes. Só há quatro tipos de homens que fazem viagens de longo curso: os marinheiros, os mercadores, os soldados e os missionários. Ora, não se deve esperar que as três primeiras classes forneçam bons observadores, e quanto aos da quarta, ocupados com a vocação sublime que os chama, se não fossem sujeitos a preconceitos de condição social como todos os outros, devemos crer que não se entregariam de bom grado a pesquisas que parecem de pura curiosidade e que os desviaria dos trabalhos mais importantes a que eles se destinam. Aliás, para pregar utilmente o Evangelho só basta o zelo, e Deus dá o resto; mas para estudar os homens são necessários talentos que Deus não se compromete a dar a ninguém e que nem sempre são o quinhão dos santos. Não abrimos um só livro de viagens em que não encontramos descrições de caracteres e de costumes, mas ficamos surpresos ao ver neles que essas pessoas que tanto descreveram coisas só disseram o que todos já sabiam, só souberam perceber do outro lado do mundo o que caberia somente a eles notar sem sair da rua onde moram, e que esses traços verdadeiros que distinguem as nações e que alcançam os olhos feitos para ver quase sempre escaparam aos deles. Veio daí esse belo adágio de moral, tão repisado pela turba filosofesca, de que os homens são os mesmos em toda parte, que tendo em toda parte as mesmas paixões e os mesmos vícios, é inútil tentar caracterizar os diversos povos, o que é mais ou menos tão bem argumentado quanto se dissessem que não se pode distinguir Pierre de Jacques porque os dois têm um nariz, uma boca e dois olhos.

Será que nunca se verá renascer os tempos felizes em que os povos não se metiam a filosofar, mas em que os Platões, os Tales e os Pitágoras, possuídos por um ardente desejo de saber, empreendiam as maiores viagens unicamente para se instruir e iam ao longe livrar-se do jugo dos preconceitos nacionais, aprender a conhecer os homens por suas conformidades e por suas diferenças e adquirir os conhecimentos universais que não são os de um século ou de um país exclusivamente, mas que, por serem de todos os tempos e lugares, são por assim dizer a ciência comum dos sábios?

Admira-se a magnificência de alguns curiosos que fizeram ou mandaram fazer, a alto custo, viagens ao Oriente com sábios e pintores, para desenhar ruínas e decifrar ou copiar inscrições, mas tenho dificuldade de conceber como, num século em que a gente se gaba de belos conhecimentos, não haja dois homens bem unidos, ricos, um em dinheiro, o outro em gênio, os dois amando a glória e aspirando à imortalidade, um dos quais sacrifica 20 mil escudos de seus bens, o outro

dez anos da sua vida a uma célebre viagem em volta
do mundo para estudar, nem sempre pedras e plantas,
mas desta vez os homens e os costumes e que, depois
de tantos séculos empregados em medir e considerar a
casa, pensam enfim em conhecer seus moradores.

Os acadêmicos que percorreram as partes setentrionais da Europa e meridionais da América tinham mais
o objetivo de visitá-las como geômetras do que como filósofos. No entanto, como eram ao mesmo tempo uma
coisa e outra, não se pode considerar como totalmente
desconhecidas as regiões que foram vistas e descritas
por La Condamine, Maupertuis. O joalheiro Chardin,
que viajou como Platão, não deixou nada a dizer sobre
a Pérsia. A China parece ter sido bem observada pelos
jesuítas. Kempfer dá uma ideia passável do pouco que
viu no Japão. Tirante esses relatos, não conhecemos os
povos das Índias Orientais, frequentadas unicamente
por europeus mais interessados em encher a bolsa do
que a cabeça. A África inteira e seus numerosos habitantes, tão singulares por seu caráter como por sua
cor, ainda carecem de exame. A terra toda é coberta de
nações das quais só conhecemos os nomes, e nós nos
metemos a julgar o gênero humano! Suponhamos um
Montesquieu, um Buffon, um Diderot, um Duclos, um
D'Alembert, um Condillac, ou homens dessa têmpera,
viajando para instruir seus compatriotas, observando e
descrevendo, como sabem fazer, a Turquia, o Egito, a
Berbéria, o império do Marrocos, a Guiné, a terra dos
cafres, o interior da África e suas costas orientais, os
malabares, o império Mogol, as margens do Ganges,
os reinos de Sião, de Pegu e de Ava, a China, a Tartária
e sobretudo o Japão. Depois, no outro hemisfério, o
México, o Peru, o Chile, as terras magalânicas, sem
esquecer os patagões, verdadeiros ou falsos, o Tucumã,
o Paraguai se possível, o Brasil, enfim as Caraíbas, a
Flórida e todas as terras selvagens, viagem que seria a
mais importante de todas e que deveria ser feita com
maior cuidado. Suponhamos que esses novos Hércules,
de volta dessas jornadas memoráveis, fizessem depois,

se dando todo o tempo necessário, a história natural, moral e política do que viram, veríamos por nossa vez sair um mundo novo da pena deles e aprenderíamos assim a conhecer o nosso. Digo que quando observadores assim afirmarem de determinado animal que se trata de um homem, e de outro que é um bicho, deveremos acreditar neles; mas seria uma grande simplicidade confiar, nesse campo, em viajantes grosseiros, sobre os quais seríamos às vezes tentados a levantar a mesma interrogação que eles pretendem resolver acerca de outros animais.

9. Isso me parece da maior evidência, e eu não seria capaz de conceber de onde nossos filósofos podem fazer nascer todas as paixões que prestam ao homem natural. Com exceção da necessidade física, que a própria natureza pede, todas as nossas outras necessidades só o são pelo hábito, antes do qual não eram necessidades, ou por nossos desejos, e não desejamos o que não estamos em condição de conhecer. Daí se segue que, como o homem selvagem só deseja as coisas que conhece e só conhece aquelas cuja posse está a seu alcance ou são fáceis de adquirir, nada deve ser tão tranquilo quanto a sua alma e nada tão limitado quanto seu espírito.

10. Encontro no *Governo civil* de Locke uma objeção que me parece especiosa demais para que me seja permitido dissimulá-la. "Como o propósito da sociedade entre o macho e a fêmea", diz esse filósofo, "não é simplesmente procriar, mas continuar a espécie, essa sociedade deve durar mesmo depois da procriação, pelo menos enquanto for necessária para a alimentação e a conservação dos procriados, isto é, até eles serem capazes de prover às suas necessidades. Vemos que essa regra, que a sabedoria infinita do Criador estabeleceu para as obras das suas mãos, é observada constantemente pelas criaturas inferiores ao homem. Nos animais que vivem de forrageiras, a sociedade entre o macho e a fêmea não dura mais que cada ato de copulação, por-

que, sendo as mamas da mãe suficientes para alimentar as crias até elas serem capazes de pastar, o macho se contenta em gerar e depois disso não se mete mais nem com a fêmea, nem com os filhotes, para cuja subsistência não tem como contribuir. Mas em relação aos animais de presa, a sociedade dura mais tempo, porque, como a mãe não pode prover à subsistência própria e, ao mesmo tempo, alimentar os filhotes com sua presa, que é uma forma de se alimentar mais laboriosa e mais perigosa do que a de se alimentar de forragem, a assistência do macho se faz necessária para a manutenção da sua família, se é que podemos empregar esse termo, a qual não poderia subsistir sem os cuidados do macho e da fêmea, até ser ela capaz de ir caçar uma presa. Nota-se a mesma coisa em todas as aves, com exceção das aves domésticas, que se encontram em lugares em que a contínua abundância de alimento isenta o macho do cuidado de alimentar os filhotes. Vê-se que, enquanto os filhotes em seu ninho necessitam de alimentos, o macho e a fêmea o trazem até esses filhotes poderem voar e prover à própria subsistência.

"E nisso, a meu entender, consiste a principal, se não a única razão pela qual o macho e a fêmea, no gênero humano, são obrigados a uma sociedade mais demorada do que a de outras criaturas. Essa razão é que a fêmea é capaz de conceber e, geralmente, fica novamente grávida e faz um novo filho, bem antes que o precedente seja capaz de prescindir do amparo dos pais e possa prover às suas necessidades. Assim, sendo o pai obrigado a cuidar dos filhos que gerou, e de assegurar esse cuidado por um bom tempo, ele também está na obrigação de continuar a viver em sociedade conjugal com a mesma mulher de quem os teve e permanecer nessa sociedade muito mais tempo que as outras criaturas, no caso das quais, podendo seus filhos subsistirem por conta própria antes que chegue o tempo de uma nova procriação, o vínculo entre o macho e a fêmea se rompe de per si, e ambos se veem em plena liberdade, até que a temporada que costuma chamar os animais a se juntarem os obriga a escolher novas companheiras. E nesse ponto nunca se admirará bastante a sabedoria do Criador, que tendo dado ao homem qualidades próprias para prover tanto ao futuro bem como ao presente, quis e fez de sorte que a sociedade do homem durasse muito mais tempo do que a do macho e da fêmea das outras criaturas, a fim de que, com isso, a atividade do homem e da mulher fosse mais estimulada e que os interesses dos dois fossem mais unidos, tendo em vista fazer provisões para os filhos e lhes deixar bens — nada podendo ser mais prejudicial aos filhos do que uma conjunção incerta e vaga ou uma dissolução fácil e frequente da sociedade conjugal."

O mesmo amor à verdade que me fez expor sinceramente essa objeção me estimula a acompanhá-la com algumas observações, se não para resolvê-la, pelo menos para esclarecê-la.

1) Observarei primeiro que as provas morais não têm grande força em matéria de física e que elas servem mais para explicar racionalmente fatos existentes do que para constatar a existência real desses fatos. Ora, é esse o gênero de prova que o sr. Locke emprega no trecho que acabo de citar, porque, embora possa ser vantajoso à espécie humana ser a união do homem e da mulher permanente, daí não resulta que isso tenha sido estabelecido pela natureza. Em outras palavras, seria necessário dizer que ela também instituiu a sociedade civil, as artes, o comércio e tudo o que se pretende ser útil aos homens.

2) Ignoro onde o sr. Locke encontrou que entre os animais de presa a sociedade do macho e da fêmea dura mais do que entre os que vivem de forragem, e que um ajuda o outro a alimentar os filhotes. Porque não se vê o cachorro, o gato, o urso nem o lobo reconhecerem sua fêmea mais do que o cavalo, o carneiro, o touro, o cervo e todos os outros quadrúpedes reconhecem a deles. Parece, ao contrário, que, se a ajuda do macho fosse necessária à fêmea para conservar suas crias, isso aconteceria principalmente nas espécies que vivem de

forragem, porque a mãe precisa de muito tempo para pastar, e durante todo esse intervalo ela é forçada a descuidar da sua ninhada, ao passo que a presa de uma ursa ou de uma loba é devorada num instante e ela, sem passar fome, tem mais tempo para amamentar seus filhotes. Esse raciocínio é confirmado por uma observação do número relativo de mamas e de crias que distingue as espécies carnívoras das frugívoras, de que falei na nota 6. Se essa observação é justa e geral, e a mulher só tem duas mamas e só faz um filho de cada vez, temos aí uma forte razão a mais para duvidar que a espécie humana seja naturalmente carnívora, de sorte que parece que, para tirar a conclusão de Locke, seria preciso virar seu raciocínio totalmente pelo avesso. Não há mais solidez na mesma distinção aplicada às aves. Porque, quem poderá se persuadir de que a união do macho e da fêmea é mais duradoura entre os abutres e os corvos do que entre as rolinhas? Temos duas espécies de aves domésticas, o pato e o pombo, que nos fornecem exemplos diretamente contrários ao sistema desse autor. O pombo, que só se alimenta de grãos, permanece unido à sua fêmea e os dois alimentam seus filhotes em comum. O pato, cuja voracidade é conhecida, não reconhece nem sua fêmea nem seus filhotes e não contribui em nada para a subsistência deles, e entre as galinhas, espécie que tampouco é carnívora, não se vê o galo se ocupar como quer que seja da ninhada. Se em outras espécies o macho divide com a fêmea o cuidado de alimentar as crias é porque as aves, que de início não são capazes de voar e que a mãe não pode amamentar, têm muito menos condição de dispensar a assistência do pai do que os quadrúpedes, a quem basta a mama da mãe, pelo menos por algum tempo.

3) Há muita incerteza quanto ao fato principal que serve de base a todo o raciocínio do sr. Locke, porque para saber se, como ele pretende, no puro estado de natureza a mulher geralmente logo fica grávida novamente e faz um novo filho muito antes que o precedente possa prover por si mesmo às suas necessidades, seriam neces-

sárias experiências que certamente Locke não havia feito e que ninguém é capaz de fazer. A coabitação contínua do marido e da mulher é uma ocasião tão próxima de se expor a uma nova gravidez que é difícil acreditar que o encontro fortuito ou a simples impulsão do temperamento produzisse efeitos tão frequentes no puro estado de natureza quanto na sociedade conjugal, lentidão essa que contribuiria talvez a tornar os filhos mais robustos e que, aliás, poderia ser compensada pela faculdade de conceber, prolongada numa idade mais avançada nas mulheres que dela teriam abusado menos na juventude. No que concerne aos filhos, há razões de sobra para acreditar que suas forças e seus órgãos se desenvolveram mais tarde entre nós do que ocorria no estado primitivo de que falo. A fraqueza original que eles extraem da constituição dos pais, os cuidados que se tem de envolver e travar todos os seus membros, a indolência em que são criados, talvez o uso de outro leite que não o da mãe, tudo contraria e retarda neles os primeiros progressos da natureza. A aplicação que eles são obrigados a dedicar às mil coisas em que fixamos continuamente sua atenção, enquanto não se dá nenhum exercício às suas forças corporais, também pode causar um desvio considerável em seu crescimento, de sorte que, se em vez de primeiro sobrecarregar e cansar o espírito deles de mil maneiras, se deixasse que eles exercitassem seus corpos aos movimentos contínuos que a natureza parece lhes pedir, é de se crer que eles seriam muito antes capazes de andar, de agir e de prover às suas necessidades.

4) Enfim, o sr. Locke prova no máximo que poderia haver no homem um motivo para ficar ligado à mulher quando ela tem um filho, mas não prova de maneira nenhuma que ele deve ter se ligado a ela antes do parto e durante os nove meses da gravidez. Se essa mulher é indiferente ao homem durante esses nove meses, se inclusive ela se torna desconhecida a ele, por que ele a ajudará a criar um filho que ele nem sabe se é seu e de que ele não decidiu nem previu o nascimento? O sr. Locke supõe evidentemente o que está em causa, pois não se trata

NOTAS

de saber por que o homem ficará ligado à mulher depois do parto, mas por que ele se ligará a ela depois da concepção. Satisfeito o apetite, o homem não necessita mais dessa mulher nem a mulher, desse homem. Este não tem a menor preocupação nem, talvez, a menor ideia das consequências da sua ação. Um vai para um lado, o outro para o outro, e não há aparência de que ao cabo de nove meses eles se lembrem de terem se conhecido, porque essa espécie de lembrança pela qual um indivíduo dá preferência a outro para o ato da geração requer, como eu provo no texto, mais progresso ou corrupção no entendimento humano do que se pode supor ele possua no estado de animalidade de que tratamos aqui. Outra mulher pode, portanto, contentar os novos desejos do homem tão comodamente quanto aquela que ele já conheceu, e do mesmo modo outro homem contentar a mulher, supondo-se que ela seja premida pelo mesmo apetite durante o estado de gravidez, coisa de que podemos razoavelmente duvidar. Se no estado de natureza a mulher não sente mais a paixão do amor depois da concepção da criança, o obstáculo à sociedade com o homem se torna ainda muito maior, pois ela então não necessita mais nem do homem que a fecundou nem de nenhum outro. Não há, portanto, no homem nenhuma razão de procurar a mesma mulher, nem na mulher nenhuma razão de procurar o mesmo homem. O raciocínio de Locke desmorona, portanto, e toda a dialética desse filósofo não o defendeu do erro que Hobbes e outros cometeram. Eles tinham a explicar um fato do estado de natureza, isto é, de um estado em que os homens viviam isolados e em que tal homem não tinha nenhum motivo de permanecer ao lado de tal outro homem, nem talvez os homens de permanecer ao lado uns dos outros, o que é bem pior; e eles não pensaram em se transportar além dos séculos de sociedade, isto é, desses tempos em que os homens sempre têm uma razão para ficar perto uns dos outros e em que determinado homem muitas vezes tem uma razão para ficar ao lado de determinado homem ou de determinada mulher.

11. Tomarei todo cuidado para não embarcar nas reflexões filosóficas possíveis de ser feitas sobre as vantagens e os inconvenientes dessa instituição das línguas. Não é a mim que permitem atacar os erros vulgares, e o povo letrado respeita por demais seus preconceitos para suportar pacientemente meus supostos paradoxos. Deixemos, pois, falar as pessoas a quem não incriminaram por ousar tomar algumas vezes o partido da razão contra a opinião da multidão. *Nec quidquam felicitati humani generis decederet, si pulsa tot linguarum peste et confusione, unam artem callerent mortales, et signis, motibus, gestibusque licitum foret quidvis explicare. Nunc vero ita comparatum est, ut animalium quae vulgo bruta creduntur, melior longe quam nostra hac in parte videatur conditio, ut pote quae promptius et forsan felicius, sensus et cogitationes suas sine interprete significent, quam ulli queant mortales, praesertim si peregrino utantur sermone.* Is. Vossius, *De Poemat. Cant. et Viribus Rythmi*, p. 66. [E nada diminuiria a felicidade humana se, livres do flagelo e da confusão da quantidade de línguas, os mortais soubessem uma só, e lhes fosse possível explicar tudo por meio de sinais, movimentos e gestos. Atualmente, a comparação mostra que a condição dos animais, que o vulgo considera obtusos, é bem melhor que a nossa sob esse aspecto, pois estes expressam mais pronta e, talvez, mais eficientemente seus sentimentos e cogitações sem necessidade de intérprete do que são capazes de fazer os mortais, principalmente quando empregam uma língua estrangeira. N. T.]

12. Mostrando quanto as ideias de quantidade discreta e de suas relações são necessárias até nas artes mais simples, Platão zomba com razão dos autores do seu tempo, que pretendiam que Palamedes inventara os números durante o cerco de Troia, como se, diz o filósofo, Agamenon houvesse podido ignorar até então quantas pernas ele tinha! De fato, sente-se a impossibilidade de que a sociedade e as artes tivessem chegado ao ponto

NOTAS 141

em que estavam já na época do cerco de Troia sem que os homens fizessem uso dos números e do cálculo. Mas a necessidade de conhecer os números antes de adquirir outros conhecimentos não torna esse invento mais fácil de se imaginar. Uma vez conhecidos o nome dos números, é fácil explicar o sentido e estimular as ideias que esses números representam; mas, para inventá-los, foi necessário, antes de conceber essas ideias, se familiarizar, por assim dizer, com as meditações filosóficas, exercitar-se em considerar os seres pela sua essência e independentemente de qualquer outra percepção, abstração muito penosa, muito metafísica, muito pouco natural e sem a qual, no entanto, essas ideias nunca teriam podido se transportar de uma espécie ou de um gênero a outro, nem os números se tornarem universais. Um selvagem podia considerar separadamente sua perna direita e sua perna esquerda, ou enxergar as duas sob a ideia indivisível de um par, sem nunca pensar que tinha duas, porque uma coisa é a ideia representativa que nos pinta um objeto, e outra a ideia numérica que o determina. Muito menos ainda podia calcular até cinco e, embora pondo suas mãos uma sobre a outra possa ter observado que seus dedos se correspondiam exatamente, ele estava longe de pensar na sua igualdade numérica. Ele ignorava sua quantidade de dedos tal como a de seus cabelos, e se, depois de tê-lo feito compreender o que são números, alguém lhe dissesse que ele tinha tantos dedos nos pés quantos nas mãos, talvez tivesse ficado bastante surpreso, ao compará-los, de ver que era verdade.

13. Não se deve confundir amor-próprio com amor a si mesmo, duas paixões bem diferentes por sua natureza e por seus efeitos. O amor a si mesmo é um sentimento natural que leva todo animal a zelar pela sua conservação e que, dirigido no homem pela razão e modificado pela piedade, produz a humanidade e a virtude. O amor-próprio não passa de um sentimento relativo, factício, nascido na sociedade, que leva cada indivíduo

a dar mais atenção a si do que a qualquer outro, que inspira nos homens todos os males que eles cometem mutuamente e que é a verdadeira fonte da honra.

Entendido isso, eu digo que em nosso estado primitivo, no verdadeiro estado de natureza, o amor-próprio não existe, porque, vendo-se cada homem em particular como o único espectador que o observa, como o único ser no universo que se interessa por ele, como único juiz de seu próprio mérito, não é possível que um sentimento que tem sua fonte em comparações que ele não é capaz de fazer possa germinar na sua alma. Pela mesma razão, esse homem não poderia ter nem ódio nem desejo de vingança, paixões que só podem provir da maneira de considerar alguma ofensa recebida; e, como o que constitui a ofensa é o desprezo ou a intenção de prejudicar, e não o mal, homens que não sabem nem se apreciar nem se comparar podem se fazer muitas violências mútuas quando disso lhes vem alguma vantagem, sem nunca se ofenderem reciprocamente. Numa palavra, cada homem, por enxergar seus semelhantes como enxergaria animais de outra espécie, pode tomar a presa do mais fraco ou ceder a sua ao mais forte, encarando essas rapinas como coisas naturais, sem o menor movimento de insolência ou de despeito, e sem outra paixão que a dor ou a alegria de um bom ou mau acontecimento.

SEGUNDA PARTE [PP. 71-106]

1. É uma coisa notável que, fazendo tantos anos que se atormentam para levar os selvagens dos diversos cantos do mundo a adotar sua maneira de viver, os europeus não tenham conseguido ganhar um só, já não digo ao cristianismo, porque nossos missionários às vezes os tornam cristãos, mas nunca homens civilizados. Nada pode superar a invencível repugnância

que eles têm a adotar nossos costumes e viver à nossa maneira. Se esses pobres selvagens são tão infelizes quanto se pretende, por que inconcebível depravação de juízo eles se recusam constantemente a se civilizar à nossa imitação ou a aprender a viver felizes entre nós, enquanto lemos em mil lugares que franceses e outros europeus se refugiaram voluntariamente nessas nações, nelas passaram a vida inteira, sem poder mais abandonar uma maneira de viver tão estranha, e enquanto até vemos missionários sensatos chorar com ternura os dias calmos e inocentes que passaram em meio a esses povos tão desprezados? Se responderem que eles não têm luzes bastantes para julgar sadiamente seu próprio status e o nosso, replicarei que a avaliação da felicidade é menos um assunto de razão do que de sentimento. Aliás, essa resposta pode se voltar contra nós com mais força ainda, porque há uma distância maior entre nossas ideias e a disposição de espírito que deveríamos ter para conceber o gosto que os selvagens encontram em sua maneira de viver, do que entre as ideias dos selvagens e as que podem levá-los a conceber a nossa. De fato, após algumas observações é fácil para eles ver que todos os nossos trabalhos se dirigem somente para dois objetivos, a saber: para si, as comodidades da vida, e a consideração dos outros. Mas como imaginar a espécie de prazer que um selvagem tem em passar a vida sozinho no meio das matas, ou pescando, ou soprando numa flauta ruim, sem nunca saber tirar dela sequer um som e sem tentar aprender a fazê-lo?

Trouxeram várias vezes selvagens a Paris, a Londres e a outras cidades, trataram de lhes exibir nosso luxo, nossas riquezas e todas as nossas artes mais úteis e mais curiosas; tudo isso nunca provocou neles algo mais que uma admiração estúpida, sem o menor movimento de cobiça. Eu me lembro, entre outras, da história do chefe de uns americanos setentrionais que levaram à corte da Inglaterra faz uns trinta anos. Fizeram passar mil coisas diante dos seus olhos para tentarem lhe dar um presente que pudesse agradá-lo, sem encontrarem nada que parecesse interessá-lo. Nossas armas ele achava pesadas e incômodas, nossos sapatos machucavam seus pés, nossas roupas o incomodavam, ele rejeitava tudo. Perceberam enfim que, tendo ele pegado um cobertor de lã, parecia gostar de enrolá-lo nos ombros. O senhor pelo menos admitirá a utilidade deste objeto?, logo lhe indagaram. Sim, ele respondeu, isto me parece quase tão bom quanto uma pele de bicho. E nem teria dito isso se houvesse usado ambos na chuva.

Quem sabe, me dirão, não é o costume que, amarrando cada um à sua maneira de viver, impede os selvagens de sentirem o que há de bom na nossa. Mas, se assim fosse, deveria parecer no mínimo assaz extraordinário que o costume tenha mais força para manter os selvagens apreciando sua miséria do que os europeus desfrutando da sua felicidade. No entanto, para dar a essa objeção uma resposta à qual não haja uma só palavra a replicar, sem mencionar todos os jovens selvagens que nos esforçamos em vão em civilizar; sem falar nos groenlandeses e nos habitantes da Islândia, que tentaram educar e alimentar na Dinamarca, e que a tristeza e o desespero fizeram perecer, seja de melancolia, seja no mar, ao tentarem voltar a nado para seu país, eu me contentarei em citar um só exemplo, bem atestado e que entrego ao exame dos admiradores da civilização europeia.

"Todos os esforços dos missionários holandeses do cabo da Boa Esperança nunca foram capazes de converter um só hotentote. Van der Stel, governador do Cabo, que adotou um desde criança, o fez ser educado de acordo com os princípios da religião cristã e na prática dos usos europeus. Vestiu-o ricamente, fez que aprendesse várias línguas e seus progressos responderam muito bem aos cuidados tomados para a sua educação. O governador, esperando muito do espírito do jovem, enviou-o à Índia com um comissário-geral, que o empregou com proveito nos negócios da Companhia. Ele voltou para o Cabo depois da morte do comissário. Poucos dias depois da sua volta, numa visita que fez a

NOTAS

uns hotentotes parentes seus, ele decidiu se desfazer da sua vestimenta europeia e vestir uma pele de ovelha. Voltou ao forte nesse novo traje, carregando um pacote com suas antigas roupas e, dando-as ao governador, disse a este: *Tenha a bondade, meu senhor, de atentar a que renuncio para sempre a este aparato. Renuncio também por toda a minha vida à religião cristã, minha decisão é viver e morrer na religião, nas maneiras e nos usos dos meus ancestrais. A única graça que lhe peço é a de me deixar o colar e o alfanje que porto. Eu os guardarei por amor ao senhor."* E sem esperar a resposta de Van der Stel, fugiu e nunca mais voltou ao Cabo. *Histoire des voyages,* tomo 5, p. 175.

2. Poder-se-ia objetar que em tal desordem os homens, em vez de se matarem obstinadamente uns aos outros, teriam se dispersado, se não houvesse limites à sua dispersão. Mas, primeiro, se esses limites fossem os do mundo e se pensarmos na excessiva população que resulta do estado de natureza, julgaremos que a terra nesse estado não teria demorado a estar coberta de homens assim forçados a se manterem juntos. Aliás, eles teriam se dispersado, se o mal houvesse sido rápido e se houvesse ocorrido uma mudança de fato da noite para o dia. Mas eles nasciam subjugados; eles tinham o costume de portar o jugo embora sentissem seu peso e se contentavam em aguardar a oportunidade de livrar--se dele. Enfim, já acostumados com mil comodidades que os forçavam a se manter juntos, a dispersão não era mais tão fácil quanto nos primeiros tempos em que ninguém tinha outra necessidade senão a de si mesmo, em que cada qual tomava sua decisão sem esperar o consentimento de outro.

3. O marechal de V*** contava que, numa das suas campanhas, tendo as excessivas velhacarias de um empresário de víveres feito o exército sofrer e reclamar, ele lhe chamou rudemente a atenção e ameaçou enforcá-lo. Essa ameaça não me diz respeito, respondeu-lhe ousa-

damente o velhaco, e sinto-me à vontade para lhe dizer que não se enforca um homem que dispõe de 100 mil escudos. Não sei o que aconteceu, acrescentou ingenuamente o marechal, mas ele de fato não foi enforcado, embora tenha cem vezes merecido sê-lo.

4.   A justiça distributiva se oporia a essa igualdade rigorosa do estado de natureza, ainda que ela fosse praticável na sociedade civil; e como todos os membros do Estado lhe devem serviços proporcionais a seus talentos e a suas forças, os cidadãos, por sua vez, devem ser distinguidos e favorecidos proporcionalmente a seus serviços. É nesse sentido que se deve entender uma passagem de Isócrates na qual ele louva os primeiros atenienses por terem sabido distinguir qual era o mais vantajoso dos dois tipos de igualdade, um dos quais consiste em repartir as mesmas vantagens entre todos os cidadãos indiferentemente, e o outro a distribuí-los conforme o mérito de cada um. Esses hábeis políticos, acrescenta o orador, banindo essa injusta igualdade que não faz nenhuma diferença entre as pessoas nocivas e as pessoas de bem, se apegaram inviolavelmente àquela que recompensa e pune cada um segundo seu mérito. Mas, primeiro, nunca existiu sociedade, qualquer que seja o grau de corrupção que elas possam ter alcançado, em que não se tenha feito nenhuma diferença entre as pessoas nocivas e as pessoas de bem; e, nas matérias de costumes em que a lei não pode estabelecer medida suficientemente exata para servir de regra ao magistrado, é mui sabiamente que, para não deixar a sorte ou a posição social dos cidadãos à discrição deste, ela lhe proíbe o julgamento das pessoas, só lhe deixando o das ações. Somente costumes tão puros quanto os dos antigos romanos podem suportar censores, e esses tribunais logo teriam desarranjado tudo entre nós: cabe à estima pública estabelecer a diferença entre as pessoas nocivas e as pessoas de bem; o magistrado só é juiz do direito rigoroso, mas o povo é juiz dos costumes, juiz íntegro e esclarecido sobre esse ponto, de quem se

abusa às vezes, mas a quem não se corrompe jamais. As posições sociais dos cidadãos devem, portanto, ser reguladas, não com base em seu mérito pessoal, o que seria deixar ao magistrado o meio de fazer uma aplicação quase arbitrária da lei, mas nos serviços reais que eles prestam ao Estado e que podem ser suscetíveis de uma estimativa mais exata.

LEIA MAIS PENGUIN-COMPANHIA
CLÁSSICOS

Voltaire

Cândido ou o Otimismo

Tradução de
MÁRIO LARANJEIRA

Até ser expulso de um lindo castelo na Westfália, o jovem Cândido convivia com sua amada, a bela Cunegunda, e tinha a felicidade de ouvir diariamente os ensinamentos de mestre Pangloss, para quem "todos os acontecimentos estão encadeados no melhor dos mundos possíveis".

Apesar da crença absoluta na doutrina *panglossiana*, do primeiro ao último capítulo, Cândido sofre um sem fim de desgraças: é expulso do castelo; perde seu amor; é torturado por búlgaros; sobrevive a um naufrágio para em seguida quase perecer em um terremoto; vê seu querido mestre ser enforcado em um auto da fé; é roubado e enganado sucessivas vezes. Como se não bastasse, ainda tem o desprazer de ver sua bela Cunegunda perder o viço.

Malgrado tanta desdita, Cândido só começa a desconfiar do otimismo exacerbado de seu mestre quando ele próprio e todos os que cruzam seu caminho dão provas concretas que o melhor dos mundos possíveis vai, na verdade, muito mal.

Cândido ou o Otimismo é um retrato satírico de seu tempo. Escrito em 1758, situa o leitor entre fatos históricos como o terremoto que arrasou Lisboa em 1755 e a Guerra dos Sete Anos (1756-1763), enquanto critica com bom humor as regalias da nobreza, a intolerância religiosa e os absurdos da Santa Inquisição. Já o caricato mestre Pangloss é uma representação sarcástica da filosofia otimista do pensador alemão Gottfried Leibniz (1646-1716).

WWW.PENGUINCOMPANHIA.COM.BR

LEIA MAIS PENGUIN-COMPANHIA
GRANDES IDEIAS

Sigmund Freud
O mal-estar na civilização

Tradução de
PAULO CÉSAR DE SOUZA

Escrito às vésperas do colapso da Bolsa de Valores de Nova York (1929) e publicado em Viena no ano seguinte, *O mal-estar na civilização* é uma penetrante investigação sobre as origens da infelicidade, sobre o conflito entre indivíduo e sociedade e suas diferentes configurações na vida civilizada. Este clássico da antropologia e da sociologia também constitui, nas palavras do historiador Peter Gay, "uma teoria psicanalítica da política". Na tradução de Paulo César de Souza, que preserva a exatidão conceitual e toda a dimensão literária da prosa do criador da psicanálise, o livro proporciona um verdadeiro mergulho na teoria freudiana da cultura, segundo a qual civilização e sexualidade coexistem de modo sempre conflituoso. A partir dos fundamentos biológicos da libido e da agressividade, Freud demonstra que a repressão e a sublimação dos instintos sexuais, bem como sua canalização para o mundo do trabalho, constituem as principais causas das doenças psíquicas de nossa época.

WWW.PENGUINCOMPANHIA.COM.BR

LEIA MAIS PENGUIN-COMPANHIA
CLÁSSICOS

Jean-Jacques Rousseau

Do contrato social

Tradução de
EDUARDO BRANDÃO
Organização e introdução de
MAURICE CRANSTON

Do contrato social é um tratado político escrito pelo filósofo Jean-Jacques Rousseau e publicado pela primeira vez em 1762. Polêmico e controverso, o livro suscitou um debate que dura até os dias de hoje e que atravessa muitos campos do conhecimento humano.

Rejeitando a ideia de que qualquer um tem o direito natural de exercer autoridade sobre o outro, Rousseau defende um pacto, o "contrato social", que deveria vigorar entre todos os cidadãos de um Estado e que serviria de fonte para o poder soberano. Aos olhos dele, é a sociedade que degenera o homem, um animal com pendor para o bem.

Extraído de uma obra maior, *Do contrato social* é um livro que trata de questões ligadas à política e à lei, à liberdade e à justiça. A sociedade imaginada por Rousseau foi considerada por muitos um modelo de totalitarismo, enquanto para outros foi uma poderosa declaração de princípios democráticos.

Esta edição inclui prefácio do cientista político Maurice Cranston, que examina as ideias políticas e históricas que influenciaram Rousseau, além de inserir *Do contrato social* no contexto de sua vida e personalidade extraordinárias.

WWW.PENGUINCOMPANHIA.COM.BR

LEIA MAIS PENGUIN-COMPANHIA
CLÁSSICOS

Essencial sociologia

Organização, introdução e notas de
ANDRÉ BOTELHO

A sociologia representa, como poucas áreas do conhecimento, a autoconsciência "científica" da modernidade. Tendo nascido para explicar as radicais transformações que vinham formando o mundo do século XIX, ela se tornou o referencial por excelência para a compreensão da sociedade e de suas mudanças desde então.

O êxito da disciplina deve-se à capacidade de destacar, do inesgotável leque de elementos da realidade, dimensões e conceitos de significado crucial, tais como vida, processo e ação social. Coube aos clássicos da sociologia, reunidos nesta coletânea, formular uma gramática da vida em sociedade, que se presta tanto à especialidade acadêmica quanto ao conhecimento geral presente em diversas áreas profissionais, como direito, ciências biomédicas, educação, entre outras.

A presente edição mitiga a ideia de uma tríade de pais fundadores em favor de uma maior pluralidade dos clássicos, com a inclusão de Georg Simmel ao lado de Karl Marx, Émile Durkheim e Max Weber. Também foram selecionados textos ainda pouco incorporados nos programas introdutórios da disciplina, além de outros já consagrados, alguns em novas traduções.

WWW.PENGUINCOMPANHIA.COM.BR

1ª EDIÇÃO [2017] 4 reimpressões

Esta obra foi composta em Sabon por Alexandre L. Pimenta
e impressa em ofsete pela Geográfica sobre papel Pólen Natural
da Suzano S.A. para a Editora Schwarcz em julho de 2023

A marca FSC® é a garantia de que a madeira utilizada na fabricação
do papel deste livro provém de florestas que foram gerenciadas de
maneira ambientalmente correta, socialmente justa e economicamente viável, além de outras fontes de origem controlada.